W0468953

Pierre Stutz

Heilende Momente

Gebärden – Rituale Gebete

Kösel

Andreas Baumeister
aus Dankbarkeit
für seine langjährige Unterstützung
gewidmet.

ISBN 3-466-36557-0
© 2000 by Kösel-Verlag GmbH &Co., München
Printed in Germany. Alle Rechte vorbehalten
Druck und Bindung: Kösel, Kempten
Umschlag: Kaselow-Design, München
Umschlagmotiv: zefa visual media / Laird

2 3 4 5 6 · 04 03 02 01 00

Gedruckt auf umweltfreundlich hergestelltem Werkdruckpapier (säurefrei und chlorfrei gebleicht)

Inhalt

Zur Einstimmung 7

1 Meine Stimme finden 9

2 Mein HANDeln vertiefen 21

3 Stell dich in die Mitte 33

4 Meiner Lebenskraft trauen 47

5 Aufstehen zum Leben 63

6 Nähe und Distanz einüben 75

7 Heilendes Teilen 87

8 Kraftvolle Zuwendung 99

9 Das Kreuz umarmen 111

10 Mit Widersprüchlichkeiten leben können 121

11 Segnendes Mitsein 135

12 Wohltuendes Salben 145

Für den Weg 157

Zur Einstimmung

Ein spiritueller Mensch vertraut auf eine heilende Kraft in jedem Menschen. Sie wird erfahrbar, wenn wir in all unserem Sein und Tun Gottes Atem spüren. Menschen auf dem Heilungsweg suchen diese Tiefendimension in ihren alltäglichen Bewegungen, auch um die schmerzlichen Seiten des Lebens aushalten und verwandeln zu lassen. Jede und jeder von uns kann heilend unterwegs sein. Von dieser Hoffnung lebt dieses Buch. So wie wir die Mystik nicht den großen Mystikerinnen und Mystikern allein überlassen sollen, so auch nicht die Kraft des Heilens den professionellen Heilern. Sie wird auch erfahrbar in vielen unscheinbaren alltäglichen Begebenheiten, im Mut, mehr aus der Mitte, aus Gott heraus das Leben zu gestalten.

Aus dieser Grundhaltung leben die Rituale und 150 Gebete dieses Buches, die in den letzten fünf Jahren entstanden sind. Seit der Veröffentlichung meiner Psalmaktualisierungen habe ich weiterhin betend-schreibend mein Leben vertieft. Diese Meditationstexte sind alle während weniger Minuten geschrieben worden, als verdichtete Momente. Einige sind inspiriert von einem biblischen Motiv, das ich Tage, Wochen oder Monate meditiert habe. Angestoßen durch eine Begegnung formte sich meist ein neues Gebet. Das ist ein heilendes Geschehen: alles Erlebte in und durch ein Gebet verwandeln zu lassen. Da darf ich sein mit meiner Lebenskraft und meinem Schmerz, meiner Ohnmacht und meiner Sehnsucht.

Auf diesem Weg der Selbstwerdung, die zu mehr Solidarität und Engagement führt, sind mir Gebärden hoffnungsstiftend geworden. Darum habe ich hier im Buch zu zentralen heilenden Motiven des Markusevangeliums Alltagsrituale entfaltet. Nicht, weil wir Gott mit Ritualen auf unsere Seite bringen können. Er kommt all unseren Ritualen mit seiner Gnade zuvor. Doch wir brauchen diese Ausdrucksformen, um Widerstand zu Gunsten von mehr Menschlichkeit und von achtsamerem Umgang mit der Schöpfung leisten zu können

Keine zwingende Logik bestimmt die Abfolge der Rituale und schon gar nicht die Meditationstexte. Sie sind aus dem Leben entstanden, vor allem in meiner spirituellen Begleitungs- und Kurstätigkeit. Sie laden die Leserin, den Leser je nach persönlicher Situation zum Auswählen, Verweilen und Vertiefen ein. Rituale und Gebete hineingesprochen in das Leben: als Ermutigung, im Alltag, in Beruf und Freizeit, alleine und in Gemeinschaft, bewusst einen spirituellen Weg zu gehen. Sie wollen uns bestärken, der heilenden Dimension in unseren Gottesdienstfeiern mehr zu trauen.

Dankbar bin ich all den Menschen, die mich seit meiner Geburt die heilende Kraft im Alltag erfahren ließen.

Besonders danke ich Marcel Laux und Winfried Nonhoff für die kraftvolle Unterstützung während der Entstehung dieses Buches.

Mögen viele darin eine Ermutigung finden, die ihnen eigene heilende Kraft zu entdecken und weiterzuschenken.

Neuchâtel, 14. Dezember 1999,
am Fest des Mystikers Johannes vom Kreuz

Pierre Stutz

1

Meine Stimme finden

In ihrer Synagoge saß ein Mann, der von einem unreinen Geist besessen war. Der begann zu schreien: Was haben wir mit dir zu tun, Jesus von Nazareth? Bist du gekommen, um uns ins Verderben zu stürzen? Ich weiß, wer du bist: der Heilige Gottes. Da befahl ihm Jesus: Schweig und verlass ihn! Der unreine Geist zerrte den Mann hin und her und verließ ihn mit lautem Geschrei. Da erschraken alle, und einer fragte den andern: Was hat das zu bedeuten? Hier wird mit Vollmacht eine ganz neue Lehre verkündet. Sogar die unreinen Geister gehorchen seinem Befehl. Und sein Ruf verbreitete sich rasch im ganzen Gebiet von Galiläa.

Markus 1,23–28

Von der Entschiedenheit, dem Umgang mit Macht, der klaren Stimme ist in der ersten Heilungsgeschichte im Markusevangelium die Rede. Ein Mensch hat den Zugang zu sich selber verloren und ist hin- und hergerissen. Jesus leistet diesem »bösen Geist« Widerstand, indem er mit klarer Stimme die heilende Kraft in diesem Menschen wecken will.

Ein heilender Umgang mit mir selber und mit anderen lebt von diesen existenziellen Grundhaltungen.

Jesus stellt sich mit voller Macht, mit seiner ganzen Lebenskraft, seiner klaren Stimme dem Destruktiven, dem Lebensbehindernden entgegen. Er bringt seinen Standpunkt ein, weil er die Menschenfreundlichkeit Gottes erfahrbar werden lässt. Menschlichkeit drückt sich in

Wohlwollen und Bestimmtheit aus. Diese göttliche Kraft, diese Christuskraft, hat jede und jeder in sich. Leider liegt sie oft brach, weil wir unserer inneren Stimme, unserer Herzensstimme zu wenig Gehör verleihen und darum auch zu wenig Kraft haben, um sie einzubringen, auch stellvertretend für die Sprachlosen unserer Welt.

Die Begegnung Jesu mit einem Menschen, der »von einem unreinen Geist besessen war, der diesen Menschen hin- und herzerrte«, erinnert mich an das Hin- und Hergerissensein in unserem Leben. Dieses Lebensgefühl wird verstärkt durch negative, destruktive Gedanken, denen wir viel zu viel Macht geben. Ich brauche nicht weit zu suchen, um in meinem Alltag mir dieser Erfahrung bewusst zu werden. Hier ist mir Jesu Praxis der Entschiedenheit und der Klarheit zur Lebenshilfe geworden. Das hat ganz konkret damit zu tun, meiner Stimme mehr Raum und Ausdrucksmöglichkeiten zu verleihen. Heilende Momente werden erfahren, wenn ich alltäglich einübe wahrzunehmen, was ist, um dies dann aussprechen zu können. Positive Echos und konstruktive Kritik einbringen, tragen zu einer Atmosphäre der Klarheit und des guten Geistes, der aufatmen lässt, bei. Die folgenden Anregungen können dabei eine Hilfe sein:

Ich stehe da, spüre meinen Grund, meinen Standpunkt und atme tief ein und aus. Bei jedem Ausatmen lasse ich meine Füße noch mehr auf den Boden ein und bringe diese Erfahrung in Verbindung mit dem uralten Bild von Gott, der mir Grund ist und mich trägt. In meinem Dastehen oder auch Dasitzen achte ich besonders auf meine Stimme. Sie ist Ausdruck meiner Klarheit, meiner Entschiedenheit. Eine klare Stimme trägt stark zu einer heilenden Ausstrahlung bei. Auch wenn ich alleine in der Wohnung bin, höre ich bewusst auf meine Stimme, indem ich mir z.B. ein Gedicht, eine Geschichte oder ein Gebet aus diesem Buch laut vorlese. Beim Einüben des alltäglichen Zu-mir-Stehens sage ich laut:

»Gott, du bist mein Grund, der mich trägt. Du sprichst auch durch mich.«

- Ich freunde mich mit meiner Stimme an, indem ich verschiedene Töne laut ausdrücke. Es kann hilfreich sein, die verschiedenen Vokale auszudrücken. Ich stehe oder sitze gut da, atme tief ein und aus und beginne leise mit dem Vokal »a« und werde immer lauter. Diese Übung ist auch gut beim Spazieren durch den Wald möglich. Dabei kann ich die Angst vor dem Schreien verlieren. Im Schreien steckt meine tiefe Lebenskraft, die es mir ermöglicht, Widerstand zu leisten zu Gunsten eines lebendigeren Zugangs zum Leben.

- Beim Versuch, meiner Stimme mehr Ausdruck zu verleihen, kann das Singen eine wohltuende Erfahrung sein. Heilende Momente werden mir geschenkt, wenn ich ein Lied, das mir gut tut, singe, für mich alleine und natürlich mit anderen. Das Mitsingen in einem Chor ist darum eine zutiefst spirituelle Erfahrung. Jede Stimme ist einmalig und in vierstimmigen Gesängen kommt die Verschiedenheit in der Verbundenheit gut zum Ausdruck. Zugleich sprengt die Musik Grenzen und Vorurteile. Sie ermöglicht mir auch, die Stimme stellvertretend zu erheben, wenn Fremde, AußenseiterInnen angepöbelt und ausgegrenzt werden.

- Wenn ich gefangen bin in der Spirale der Destruktivität und ich eine Bemerkung, einen Gedanken, der mich geärgert oder verletzt hat, nicht lassen kann, dann helfen mir die klaren Worte Jesu in dieser Heilungsgeschichte. Sein »Schweig und verlass ihn!« sage ich mir laut, um mich aus negativen Phantasien herausholen zu lassen, die mich behindern, Konflikte anzusprechen und auszutragen.

- In Entscheidungssituationen übe ich mich besonders ein, auf meine innere Stimme zu achten. Ich höre sie erst, wenn ich mich zum Schweigen aufmache. Darum ist die tägliche Schweigemeditation kein Rückzug von meiner Verantwortung. Ganz im Gegenteil: Sie wird mir ermöglichen, noch klarer wahrzunehmen, was meine Lebensaufgabe ist, wo meine heilend-entschiedene Stimme gefragt ist, um mehr Zärtlichkeit und Gerechtigkeit zu fördern.

Hineinhorchen in mich
    was zutiefst in mir angelegt ist
    dem Leben ge-horchen

Schweigen können
    horchend sein auf die Menschen um mich
    um mit lauter Stimme Protest zu wagen
    gegen die Zerstörung allen Lebens

*

Mich gehalten wissen
    kostbare Augenblicke
    wo Himmel und Erde sich berühren
    wo Wunderbares
    Einmaliges
    Kostbares im Alltäglichen aufscheint

Mich verstanden fühlen
    wo Worte sich erübrigen
    ein Blick genügt
    um Zuwendung und Geborgenheit zu erfahren

Du
    bist es
    die Begegnung ermöglicht
    durch deine heilende Kraft

*

Tanze im Rausch der Musik
spüre in jeder Faser deines Leibes
wie dich dein pulsierendes Herz
mit der göttlichen Lebenskraft in Verbindung bringt

Wage Widerstand gegen alle totalitären Strukturen
die Menschen den Lebensatem abschneiden wollen

*

Hüter meines Bruders

Was geht mich das an
wenn Fremde angepöbelt werden

Was kann ich schon tun
wenn Arbeitsplatz um Arbeitsplatz
wegrationalisiert wird
wenn schreckliche Tierversuche gemacht werden

Wie kann ich die Spirale der Gewalt stoppen
dem himmelschreienden Terror die Stirn bieten

Mit Kain frage ich
Bin ich der Hüter meines Bruders

Die Frage bleibt
weil ich nie EinzelneR bin
sondern Teil einer ganzen Schöpfungsgemeinschaft

Die Frage muss bleiben
damit uns tägliche Antwortversuche geschenkt werden

Nach Genesis 4,9

Gott erkennen

Mit ganzer Kraft
meinem ganzen Sein
mit allem
was mein Leben ausmacht
dich lieben

Mit ganzer Seele
meiner Sehnsucht Ausdruck verleihen
dich feiern im Klagen und Danken

Mit ganzem Herzen
dich suchen
in allen Dingen
im Bejahen des Lebens
auch im Schreien nach Sinn

Dich erkennen als Mitte
die bewegt und berührt
immer wieder zur Hoffnung anstiftet

Nach Deuteronomium 6,4

*

Miteinander aufbrechen

Miteinander einen Weg wagen
einander brauchen
ohne voneinander abhängig zu sein
weil jede Beziehung
auf etwas Größeres angelegt ist
das jede und jeden übersteigt

Die Zusage in einer verbindlichen Beziehung
innere Freiheit zu finden
um sich selber werden zu können

Hingabe wagen
um meine Lebensaufgabe zu entdecken
im Einbringen der vielfältigen Fähigkeiten
zum Wohle der Gemeinschaft

Freundin Geist
du berührst Menschen
zu diesem Miteinander
in Geborgenheit und Freiheit

Wo Worte der Treue gewagt werden können:
Wohin du gehst
dahin gehe ich auch

Nach Rut 1,16

*

Ich habe dich beim Namen gerufen

Im Leben und im Sterben
rufst du mich beim Namen
dir gehöre ich
nicht als Besitz oder Objekt
das du klein halten willst

Dein Wille geschieht
wenn sich jeder Mensch entfalten kann
und dabei zugleich seinen Ursprung
und sein Ziel in dir sieht

Meine Einmaligkeit willst
du Gott fördern
im Wahrnehmen des WESENtlichen im Leben

Deine Hoffnung entfaltet sich
im Wesen eines jeden Menschen
jeden Tag neu

Nach Jesaja 43,1

*

Erfüllte Zeit

Die Zeit ist längst erfüllt
um die Ausbeutung des Menschen
und der ganzen Schöpfung zu durchbrechen

Hoffnungsorte brauchen wir
wo solidarisches Miteinander eingeübt wird
in kultureller Verschiedenheit und Achtsamkeit

Vertrauensorte suchen wir
wo die Einzigartigkeit
jedes Menschen sich entfalten kann
und das Verbindende gefördert wird

Die Zeit ist erfüllt
um sich zu wehren
gegen die Vereinsamung
die uns entfremdet

Die Zeit ist erfüllt
von der Verheißung
nicht eine Kopie zu werden
sondern ein Original zu bleiben

Nach Markus 1,15

*

Mitten im Leben stehen

Wie Martha will ich im Leben stehen
sorgsam-vertrauend
mich auf die Ereignisse des Tages zurückbesinnen
spüren was wesentlich und notwendig ist

Mitten im Staub des Alltags
mich zurückführen lassen zur inneren Quelle
die ausrichtet und entlastet
weil alles Tun in Christus verwurzelt ist

Martha hat auch das Bessere gewählt
Maria und Martha zwei Seiten in mir
damit auch in aller Aktivität
ich innerlich Momente des Aufatmens finde

Nach Lukas 10,38–42

*

Aufgerichtet werden

Gekrümmt
durch die Zumutungen des Lebens
verbittert
durch Intrigen und Heuchelei
gekränkt
in meinem Selbstwertgefühl
suche ich tastend
nach heilend-befreiender Zuwendung

Du
Christus
richtest mich auf
indem du mir zumutest
mich in die Mitte zu stellen
mir An-sehen schenkst
damit ich bedürftig vor andern bestehen kann

Dankbar erahne ich dabei die Verwurzelung in
dir

Nach Lukas 13,10–13

*

Christus
du wendest dich uns
nicht nur zu
wenn wir gut dastehen
und erfolgreich unser Leben bewältigen

Du bist längst da
    vor aller Leistung
    in unserem suchenden Tasten nach Sinn

Deine Zuwendung verdichtet sich
    in deinem Fragen

Was sucht ihr
    wo drückt der Schuh
    was brennt dir auf der Zunge
    was liegt dir auf dem Magen

In diesem suchenden Unterwegssein
    sagst du wohlwollend

Komm und sieh

Nach Johannes 1,38/39

*

Worte ewigen Lebens

Wo
    dich suchen
    wenn nicht im tiefsten Seelengrund
    als allerinnerste Mitte meiner Existenz

Dich finden
    im Lernen mich selber zu verstehen
    im solidarischen Wagnis
    Menschenrechte einzufordern
    auch wenn der Applaus ausbleibt
    und ich Rufer in der Wüste bleibe

In dieser Gratwanderung hast du
    Worte ewigen Lebens

Worte
    die mich auf mich selber zurückwerfen
    die mich aufhorchen lassen
    die mich einfühlsamer werden lassen
    die zum Hier und Jetzt
    angesichts der Ewigkeit ermutigen

Nach Johannes 6,68

2

Mein HANDeln vertiefen

Sie verließen die Synagoge und gingen zusammen mit
Jakobus und Johannes
gleich in das Haus des Simon und Andreas.
Die Schwiegermutter des Simon lag mit Fieber im Bett.
Sie sprachen mit Jesus über sie; und er ging zu ihr,
fasste sie an der Hand und richtete sie auf.
Da wich das Fieber von ihr, und sie sorgte für sie.

Markus 1,29–31

Jesus fasste die Schwiegermutter des Petrus an der Hand und richtete sie auf. Gott ist auf meine Hände angewiesen, um heilend-aufrichtende Erfahrungen spürbar werden zu lassen. Ein spiritueller Mensch meditiert immer wieder seine Hände, damit er mit mehr Fingerspitzengefühl heilende Zuwendungen weiterschenken kann. Diese Verwurzelung meines Handelns in Gott beginnt mit dankbarem Staunen über meine Hände. Im Massieren und Salben meiner Hände lasse ich mich zuerst bestärken, um dann auch zupacken zu können. Bei jedem Händedruck kann ich mir bewusst werden lassen, dass jeder Mensch »in Gottes Hand eingezeichnet ist« (Jesaja 49,16).

Spiritualität im Alltag leben beginnt mit einem achtsameren Umgang mit meinen Händen. Nicht zufällig kommt in der biblischen Botschaft das Wort »Hand« über 400 Mal vor. Zärtliche und kraftvolle Zuwendungen sind mit unserer Hand möglich. Mein Handeln für eine Welt, wo die Menschenrechte endlich verwirklicht werden, konkretisiert sich im heilenden Umgang mit meinen Händen und den Händen der anderen:

Beim Sitzen nehme ich Verbindung mit meinem Atem auf. Ich stelle meine Füße ganz auf den Boden. Im langsamen, tiefen Ein- und Ausatmen erinnere ich mich, dass Schwester Geist in mir atmet und mich mit dem Atem der Menschen und aller Lebewesen der Schöpfung verbindet. Danach wende ich mich meinen Händen zu, betrachte vorerst den rechten Handrücken, dann den linken. All mein Handeln kann ich dadurch dankbar vertiefen, nicht nur mein gelungenes Handeln, sondern auch mein Scheitern hat Platz. Ich streichle meinen Handrücken einige Male. Danach wende ich mich der Innenseite zu, wo die heilenden Kräfte besonders spürbar sind. Ich suche nicht zu weit und vergegenwärtige mir einige Menschen, denen ich die Hand gegeben habe. Sie alle sind auch in Gottes Hand aufgehoben.

– Mit meinen Händen kann ich betend einen Tag vertiefen. Ich nehme meine Hände und erinnere mich, was sie seit dem Erwachen alles berührt haben. Ich halte langsam den Morgen, den Mittag, Nachmittag und Abend wach, um dann all die Erfahrungen auch lassen zu können. Diese Begebenheiten bringe ich in Verbindung mit Worten des Mystikers Thomas Merton: »Ich will mich also aufmachen, damit alles, was ich berühre, sich in Gebet verwandelt.«

- Diese Worte können mir am Abend helfen, meinen Arbeitstag betend zu vertiefen. Am Morgen und den Tag hindurch können sie mich erinnern, dass alles zum heiligen Ort, zur heilenden Handlung werden kann, wenn ich meine Berührungen mit den Händen als Gebet verstehe.

- Mein Handeln ist auch heute gefragt, denn ein religiöser Mensch ist zutiefst ein politischer Mensch: ein Mensch, der sich für die »Polis« (griech. Stadt), für die Gemeinschaft ein- und ihr aussetzt. In der jüdisch-christlichen Tradition verweist mich die Verwurzelung in Gott (mystisch: die Vereinigung mit Gott) auf die Straße. Denn der Glaube Jesu hat Hände und Füße. Im heilend-achtsamen Umgang mit den Händen werde ich jeden Tag an diesen großen Zusammenhang erinnert. Ich bin nie EinzelneR, sondern immer Teil eines Ganzen. Diese Sensibilität für das Persönliche und Soziale kann ich im Betrachten meiner Fingerspitzen erahnen. Wenn ich mit dem Daumen meine Fingerspitzen berühre, so spüre ich eine Sensibilität, die mich aufruft, wohlwollend mit mir und anderen umzugehen.

Hinuntersteigen
    Schritt für Schritt
    tiefer in das eigene Wesen vorstoßen
    wahrnehmen
    welches meine Lebensaufgabe ist

Tiefer ersehnen
    wie du in mir wesentlich wohnst und wirkst
    durch das Dunkle meiner Geschichte mitgehst
    mitleidest
    mithoffst

*

Erwachen mit all den Sorgen des Tages
    aufstehen
    liegen bleiben

Zu mir stehen
    heute bestehen im Annehmen
    meiner Möglichkeiten und Grenzen

Zum Heute Ja sagen
    im Lernen Nein zu sagen
    heute einfach leben
    allen Ansprüchen zum Trotz

*

Nähe
    achtsames Berühren
    spielerisches Entgegenkommen
    sanftes kraftvolles Begegnen

Nähe und Distanz
    auseinander gehen
    die eigene Mitte neu finden
    aufeinander zugehen
    einander umarmen
    zeitlos nah
    begrenzt nah
    du bist tiefste Nähe

*

Kulturen begegnen sich
    Menschen haben Zeit sich einander zuzuwenden

Still gestandene Zeit
    zukunftsverheißende Zeit
    Zeiten-wende
    uralter-neuer Lebensstil
    wo wir angesprochen werden
    Ansehen uns geschenkt ist
    damit Verwurzelung möglich wird
    die uns im Sinnbild der Jahreszeiten
    Verwandlung zuspricht
    da bist du uns ganz nah

*

Himmels-Leiter

In den Grenzsituationen deines Lebens
wo deine Stimmung auf- und abgeht
und du dich selber nicht mehr verstehst
wünsche ich dir jenes kraftvolle Bild
der Engel
die die Himmelsleiter auf- und abgehen
damit du Vertrauen in dich und Gott
finden mögest
und dir auch in der Krise ein Stück
Himmel geöffnet wird
im Aushalten der verschiedenen Stimmungen
im Folgen deiner Intuition
im Hören auf deine innere Herzensstimme
die dich erinnert
dass Gott dich nie verlässt

Nach Genesis 28,12-15

*

Ich kenne ihr Leid

Du heruntergekommener Gott
wo Ohnmacht und Ausgrenzung sich ausbreitet
wo die Spirale der Gewalt undurchbrechbar scheint
bist du mit-leidend da
als jener leidenschaftliche Wegbegleiter
der intim wird mit dem Leiden der Menschen

Du ereignest dich immer neu
als jene sinnstiftende Perspektive
die uns unerwartet geschenkt wird
wenn wir uns auf alle Seiten unseres Lebens einlassen

Sprachlos mitleidend
behutsam aufbrechen
kraftvolle neue solidarische Schritte wagen

Nach Exodus 3,7

*

Mich mit Fremden anfreunden

Globalisierung der Solidarität
wünsche ich mir Gott
wo wir einsehen
wie fremde Menschen und Kulturen uns bereichern können

Ängsten will ich nachspüren
damit sie mich nicht heimlich bestimmen können
Brücken will ich bauen
damit das Fremde in unserer Mitte aufgenommen wird

Einheit in der Verschiedenheit
lässt uns wirklich Mensch werden

Nach Levitikus 19,33–34

*

Suche zuerst mehr Gerechtigkeit

Beim Aufstehen dastehen
ein- und ausatmen
schon frühmorgens
die Sorgen abgeben
die dich hindern beflügelt zu werden

Wecke jeden Tag neu in dir
die Sehnsucht nach Gottes neuer Welt
im Hungern und Dürsten nach Gerechtigkeit

So sind die Alltagssorgen nicht einfach weg
sondern integriert in die Wachsamkeit
gerechtere Strukturen zu fördern

Suche zuerst diese Grundhaltung
alles andere wird dir dazugegeben

Nach Matthäus 6,33

*

Steh auf

Kranksein bestimmt mein Leben
mühsames Annehmen meiner Behinderungen

Alles Tun braucht viel länger
mein Selbstwertgefühl sinkt

Wie kann ich bestehen
wenn ich so sehr auf die Hilfe anderer angewiesen bin
hundertmal einfacher ist es für mich zu helfen
als selber bedürftig zu sein

Krankheit als Chance des Reifens zu erahnen
annehmen was nicht mehr geheilt werden kann
und zugleich das Leben lieben
dafür zu kämpfen
auch im Loslassen

Sogar wenn ich nicht mehr aufstehen kann
richtet mich Christus innerlich auf
weil meine Würde unantastbar bleibt

Nach Matthäus 9,5

*

Erhoffte Heilung

Krankheit überfällt mich
all meine Pläne sind von einem
Tag zum anderen so klein und unwesentlich geworden

Nur noch das Hier und Jetzt zählt
jeden Tag dankbar kleine Genesungsschritte annehmen
meine Bedürftigkeit zulassen
Hilfe annehmen

Weil Du Halt bist
im Hoffen auf Heilung
im Annehmen des Sterbens
aus Liebe zum Leben
das stärker ist als der Tod

Nach Markus 1,32–34

*

Sich einbringen

Du
    Ursprung allen Mit-teilens
    lebst als tiefer Grund in mir

Du
    kennst mich
    bist mir näher als ich mir selber

Dich
    suchen und finden
    führt über den Weg der Selbstannahme

Die arme Witwe bringt das ein
    was sie hat
    ist es auch noch so wenig
    sie wirkt heilend für andere

Dank dir
    Ziel aller Selbstverwirklichung

Nach Markus 12,41–44

*

Dabeibleiben

Einfach da sein
gehört zur größten Herausforderung
unserer Zeit
das Urmenschlichste ist uns abhanden gekommen

Da sein
wenn Worte fehlen
zuhören
wenn es schreit in Menschen

Staunen über die alltäglichen Wunder
danken für jeden Moment des Lebens

Einfach da sein
Ohnmacht aushalten
bei den durch-kreuzten Hoffnungen
nicht davonspringen
sondern standhalten

Gottes Wesen ist:
Ich-bin-der-ich-da-sein-werde

Nach Markus 15,40–41

*

3

Stell dich in die Mitte

Als er ein andermal in eine Synagoge
ging, saß dort ein Mann, dessen Hand verdorrt war.
Und sie gaben Acht, ob Jesus ihn am Sabbat heilen werde;
sie suchten nämlich einen Grund zur Anklage gegen ihn.
Da sagte er zu dem Mann mit der verdorrten Hand: Steh auf und stell dich in die Mitte!
Und zu den anderen sagte er: Was ist am Sabbat erlaubt: Gutes zu tun oder Böses,
ein Leben zu retten oder es zu vernichten? Sie aber schwiegen.
Und er sah sie der Reihe nach an, voll Zorn und Trauer über ihr verstocktes Herz,
und sagte zu dem Mann: Streck deine Hand aus! Er streckte sie aus,
und seine Hand war wieder gesund. Da gingen die Pharisäer hinaus
und fassten zusammen mit den Anhängern des Herodes den Beschluss,
Jesus umzubringen.

Markus 3,1–6

Wenn ich sehr außer mir bin, verliere ich den Kontakt zu mir, meiner Mitte, zu anderen und zu Gott. Verdorrte, erstarrte Momente, wo meine Energie, meine Lebenskraft nicht fließen kann und ich mich blockiert fühle, gehören zu meinem Leben: Momente, wo es mir schwer fällt, ruhig zu werden. Momente der Unfähigkeit, auf andere zuzugehen. Momente der Verschlossenheit der göttlichen Quelle gegenüber in meinem Leben.

Diese Erlebnisse bringe ich in Verbindung mit jenem Mann, dessen Hand verdorrt war. Jesus begegnet ihm und holt ihn heraus aus seiner Isolation. In dieser heilenden Zuwendung vollzieht Jesus keine Symptombekämpfung. Erstaunlicherweise wendet sich Jesus zuerst nicht der verdorrten Hand zu, sondern mutet diesem Mann zu, sich in die Mitte zu stellen. Was da in wenigen Worten beschrieben wird, bleibt für mich ein lebenslanger Prozess: Meine Mitte überhaupt spüren, mich sogar mit meiner Bedürftigkeit in die Mitte zu stellen, wird mir jeden Tag neu aufgetragen. Mich-anderen-Zumuten, Erlöstsein von Allmachtsphantasien setzt Energien frei, mich mit freien Händen erneut dem Leben zuzuwenden. Jede und jeder von uns braucht An-sehen, An-erkennung. Jesus nimmt diesen Urwunsch ernst und weckt darum durch die Worte: »Steh auf und stell dich in die Mitte!«, die heilende Kraft, die in jedem Mensch lebt.

Auch wir sind aufgerufen, Menschen diese Worte zuzurufen, ihnen Mut zu machen, indem wir ihnen sagen: »Du kannst es!«, und indem wir die Begabungen, die noch blockiert sind, freilegen und zur Entfaltung bringen.

Mich in die Mitte stellen, mich einbringen, meinen Beitrag zum Wohle der Gemeinschaft mit-teilen, lässt eine aufrichtend-heilende Atmosphäre entstehen: Genießen-Können, Im-Mittelpunkt-Sein, Applaus-Erfahren, um mich darum wieder zurücknehmen zu können und anderen Raum zu schaffen für ihre Einzigartigkeit. Jeden Tag gilt es, diese gegenseitige Unterstützung zu fördern, denn sie befreit uns von der Angst, zu kurz zu kommen:

Teresa von Avila beschreibt die Mitte des Menschen, die Seele, als kostbaren Diamanten. In den Begegnungen des heutigen Tages gehe ich auf die Suche nach diesem Diamanten in mir und in den anderen. Besonders bei Menschen, mit denen ich mich schwer tue, versuche ich den Diamanten, den göttlichen Kern, in ihrer Mitte zu entdecken. Dadurch kann ich mit wohlwollender Konfliktfähigkeit auch aussprechen, weshalb es »verdorrte«, erstarrte Momente in unseren Begegnungen gibt. Diese Wahrnehmung wird möglich, wenn ich vorher in Berührung komme mit meiner eigenen Mitte. Mein Atem ist der Schlüssel zu dieser inneren Tür.

- In der Ermutigung von Menschen, sich einzubringen, ihre Meinung zu sagen, ihre Fähigkeiten zum Malen, Musizieren, Schreiben, Singen und ihre sportliche Begabungen zu entfalten, entdecke ich die heilende Kraft, die Menschen aufatmen lässt.

- Im Hineinholen von Menschen in unsere Kultur, die fremd und ausgegrenzt sind, vergegenwärtigt sich die Bestärkung Jesu, Menschen in die Mitte zu holen. Im gegenseitigen Kennenlernen von verschiedenen Kulturen werden auch wir bereichert und erhalten neue Kraft zum Handeln.

- Am Anfang und am Ende des Tages stelle ich mich in die Mitte des Zimmers, spüre meine beiden Füße am Boden, atme tief ein und aus. Indem ich meine Hände und Arme gekreuzt auf meine Brust lege, drücke ich meine Hoffnung aus, vermehrt aus meiner Mitte, aus Gott heraus, mein Leben gestalten zu können. Dadurch fördere ich meine Widerstandskraft, die mir ermöglicht, mich zu wehren zu Gunsten meiner Rechte und der Menschenrechte. In diesem Bei-mir-Sein bin ich noch tiefer mit allen Menschen, der Schöpfung und dem ganzen Kosmos verbunden.
  Auch beim Besuch einer Kirche stelle ich mich bewusst in die Mitte, um in meinem Dastehen das Eingebundensein in eine große Weggemeinschaft zu erfahren: Menschen guten Willens, die seit Jahrhunderten mitgestalten am Versöhnungsprozess auf der ganzen Welt.

Gewaltfreie Schritte der Konfliktlösung wagen
    gewaltfreie Wege des Friedens einüben

Gewaltfrei sich selber gegenüber
    Aggressionen wahr-nehmen
    sie nicht gegen sich und andere richten

In dieser Suchbewegung
    dich als versöhnende Kraft
    spüren
    fördern
    wach halten
    leben

*

Durchkreuzte Hoffnung
    alles kam anders
    die Ereignisse überstürzten sich
    Dynamik der Gewalt machte sich breit
    umschlang uns
    hielt uns in Fesseln

Kein Entrinnen

Distanz braucht es
    nicht als Flucht
    sondern um der Spirale der Destruktivität
    Einhalt zu gebieten

Versuchen will ich es
    mich aus den zerstörerischen Kräften
    befreien zu lassen

Du reichst mir die Hand
die wohlwollend Versöhnung stiften wird
irgendwann

*

Mein Leben ein Scherbenhaufen

Scherbe um Scherbe
behutsam in die Hand nehmen
sie wenden
drehen
von allen Seiten betrachten
gute Ecken und Seiten erkennen

Mich von alten Mechanismen befreien lassen
weil du schmerzvoll neu in mir geboren wirst

*

Wie ein Überfall bricht mein Schmerz
in mir durch
nicht angenommen zu sein vor aller Leistung

Ich krümme mich am Boden
möchte schreien
doch die Verbindung zum Lebensatem bleibt
gebündelt stecken im Hals

Unendliche Sehnsucht in dieser Verkrampfung berührt zu werden
erahnen wie sich das grausame Spiel des Ausgeliefertseins
nicht wiederholt
sondern durchbrochen wird

Du wirst mich in diesem Abgrund
zum aufrichtigen Leben berühren

*

Der Unterdrückung ein Ende machen

Du
lebst als befreiend-heilende Kraft in mir
besonders spürbar in Momenten
wo ich meinen selbstvernichtenden Ansprüchen
und Abhängigkeitsmechanismen ausgeliefert bin

Deine heilende Zuwendung wird spürbar
wenn ich der Unterdrückung bei mir ein Ende mache
und einen neuen wohlwollenden Umgang mit
mir selber einübe

Deine befreiende Zuwendung wird erfahrbar
in dem ich jedem Menschen Verwandlung zugestehe
und dadurch teilhabe am großen Versöhnungsprozess
der unaufhaltsam sich in vielen Menschen entfaltet

So erahne ich
wie mein Inneres einem bewässerten Garten gleicht
deren Quelle niemals versiegt

Nach Jesaja 58,9.11

Ein weites Herz

Jene befreiende Einsicht
nicht mehr länger Opfer zu sein
wünsche ich dir

Jene versöhnende Annahme deines Lebens
sei dir geschenkt
im Annehmen des Schweren

Jene erlösende Wut
zeige sich dir
damit du dich lieben kannst
und du deine einmalige Würde
entdecken wirst
die es dir ermöglicht
deine Opferrolle abzulegen

Gott selber will
Barmherzigkeit nicht Opfer
ein großes Herz
um dich mit deiner Geschichte
versöhnen zu können

Nach Hosea 6,6

*

Zerbrechlichkeit

Zerbrechlich bin ich geworden
meine Gesundheit ist bedroht
Kranksein gehört ganz plötzlich zu meinem Leben

Ich hadere mit meinem Schicksal
kann kaum annehmen
dass meine Lebenszeit begrenzt ist
Schmerzen bestimmen mein Leben
Heilung ist in ferner Sicht

Deine Worte Christus berühren mich
in dieser leidvollen Lebensphase:
Nicht die Gesunden brauchen den Arzt
sondern die Kranken

Immer schon habe ich dich gebraucht als meine tiefste Hoffnung
dich suche ich jetzt neu
wenn ich nun Schritt für Schritt
in meine Existenz hineinhole
was ich so oft gesagt habe

Loslassen
damit Neues wachsen kann
weiterhin will ich leben und Sterben
dir anvertrauen
damit du mich erfüllen kannst

Nach Markus 2,17

*

Stell dich in die Mitte

Stell dich in die Mitte
bringe dich ein
mit deinen Fähigkeiten

Teile mit
was du gut gemacht hast
wo deine Lebensfreude und Kreativität
fließen konnte
wo dein einfühlsames Mitsein
neue Räume des Vertrauens eröffnete

Stell dich in die Mitte
damit deine Einmaligkeit
sichtbar wird
und du Komplimente annehmen kannst

Stell dich in die Mitte
mit deinem Schatten
der zu dir gehören darf
denn im Ausdrücken deiner Bedürftigkeit
liegt der Schlüssel
zum heilenden Dasein

Nach Markus 3,3

*

Im Schatten des Todes

Wieder einer jener Tage
wo ich nicht gelebt habe
sondern gelebt wurde
funktioniert habe im Irrglauben
mich mit mehr Leistungen bestätigen zu können

Sitzen im Schatten des Todes
Momente der Unfähigkeit
mich aus dieser Lähmung zu lösen
Momente der Selbstzerfleischung
wo ich die Achtung mir selber
gegenüber verliere

Dann und wann
einen Augen-blick der Erlösung
des Aufhorchens
weil die Erinnerung bleibt
gut zu sein
so wie ich bin
weil ich mich neu mit den
Augen Gottes sehen kann

Nach Lukas 1,79

*

Brannte nicht unser Herz

Gefangen im Irrgarten der Gefühle
ent-blößt in der Hoffnung
mich verändern zu können

zweifelnd
staunend
suchend
ringend

unterwegs
da wo wir nichts mehr vorweisen können
als unser Suchen und Bangen
da werden wir im Brotbrechen
neu berührt

Brannte nicht unser Herz
als wir erahnten
wie Emmaus heute ein-trifft

Brotbrechen
weil sich mir jemand anvertraut

Brotbrechen
weil ich unerwartet Anerkennung erfahre

Brotbrechen
weil ich mich als ScheiterndeR
anderen zugestehen kann

Nach Lukas 24,13–35

*

Wollt auch ihr gehen

Mit Unsicherheiten komme ich zu dir
zu lange wollte ich es allen recht machen
und habe dabei mich selber verloren

In deiner Frage
wollt auch ihr gehen
lebt jene innere Freiheit
die ich mir so sehr wünsche

Niemandem zu gehören
innerliche Unabhängigkeit
innerhalb von komplexen Strukturen

Bei jedem Stundenschlag
in Berührung kommen
mit meinem innersten Raum
der unantastbar ist
da wo ich verbunden bin
mit der einmaligen Würde eines
jeden Menschen
die zur Entscheidung führt
Option zu ergreifen für die Schwächsten

Nach Johannes 6,67

*

Du bist größer als unser Herz

Mir selber verzeihen können
fällt mir manchmal schwer
weil ich zu hohe Ansprüche
an mich selber habe

Du Gott
bist größer als unser Herz
dein JA erneuerst du all-täglich
offen-sichtlich durch deine Schöpfung
die vom großen Segen erzählt
der uns vor all unserem Tun geschenkt ist

Stärke in mir das Vertrauen zu genügen
auch in aller Begrenztheit
damit ich aufrecht durchs Leben gehen kann

Nach 1 Johannes 3,20

*

4

MEINER LEBENSKRAFT TRAUEN

Viele Menschen folgten Jesus und drängten sich um ihn. Darunter war eine Frau, die schon zwölf Jahre an Blutungen litt. Sie war von vielen Ärzten behandelt worden und hatte dabei sehr zu leiden; ihr ganzes Vermögen hatte sie ausgegeben, aber es hatte ihr nichts genutzt, sondern ihr Zustand war immer schlimmer geworden. Sie hatte von Jesus gehört. Nun drängte sie sich in der Menge von hinten an ihn heran und berührte sein Gewand. Denn sie sagte sich: Wenn ich auch nur sein Gewand berühre, werde ich geheilt. Sofort hörte die Blutung auf, und sie spürte deutlich, dass sie von ihrem Leiden geheilt war. Im selben Augenblick fühlte Jesus, dass eine Kraft von ihm ausströmte, und er wandte sich in dem Gedränge um und fragte: Wer hat mein Gewand berührt? Er blickte umher, um zu sehen, wer es getan hatte. Da kam die Frau, zitternd vor Furcht, weil sie wusste, was mit ihr geschehen war; sie fiel vor ihm nieder und sagte ihm die ganze Wahrheit. Er aber sagte zu ihr: Meine Tochter, dein Glaube hat dir geholfen. Geh in Frieden! Du sollst von deinem Leiden befreit sein.

Markus 5,24–34

In der Begegnung Jesu mit einer blutflüssigen Frau werde ich an die heilende Kraft erinnert, die in jedem Mensch vorhanden ist. Sie kann wohl zugeschüttet sein, doch durch Jesus wird sichtbar, dass sie gegenwärtig ist im Menschen. Durch Begegnungen und Berührungen wird dieses Vertrauen in die eigene Lebenskraft bestärkt. Denn Jesus sagt dieser

Frau, »dein Glaube hat dir geholfen«. Er hat den Zugang zu diesem Glauben, zu diesem Vertrauen in den ureigenen Weg, zum Himmel in mir, geöffnet. Darum ist für mich ein spiritueller Mensch ein Mensch, der einübt, jeden Tag wahrzunehmen, was ist, um es LASSEN zu können.

Sogar in meinem Begrenztsein, in meinen Verwundungen liegt meine Wachstumschance. In einer Wunde ist Leben, höchste Energie, darum tut sie so weh. Wenn ich dabei heilende Zuwendung erfahre, entsteht daraus eine neue Lebensqualität, ein Weg der Gelassenheit. Die folgenden Gebärden möchten dazu ermutigen:

I.

Gebärden werden alleine oder in Gruppen nur möglich, wenn ich mir Raum schaffe. Ich suche mir einen Ort, wo ich genügend Platz habe, um am Ende der Übung mit ausgebreiteten Armen dastehen zu können. Dann stehe ich mit breiten Beinen gut da (falls ich nicht stehen kann, sind diese Gebärden auch sitzend möglich).

Ich nehme Kontakt auf mit meinem Atem und atme immer tiefer ein und aus. Mit der Bitte: »Atme in mir heilender Geist«, ermögliche ich mir, die religiöse Tiefendimension meines Atmens zu erfahren. Bei jedem Ausatmen lasse ich meine Füße noch stärker auf diesen Boden einwurzeln, spüre den Grund. Gott ist mein Grund, der mich trägt.

Als ersten Schritt hebe ich meinen rechten Arm mit Handrücken nach oben ganz langsam hoch, indem ich meine Hand immer mehr vor mein Gesicht halte. Meiner Lebenskraft trauen, beginnt mit dem Staunen über meine Hand. Ich schaue sie an, meditiere auch den Innenteil, wo die heilende Kraft besonders spürbar ist. Meine Hand verweist mich auf mein Handeln. Damit verbinde ich den Wunsch, mein Handeln vermehrt aus meiner Mitte heraus, aus Gott zu gestalten. Dies drücke ich aus, indem ich die rechte Hand mit dem Arm vor meinem Gesicht hochhebe und immer höher ausstrecke, um in einer Halbkreisbewegung den Arm weit zu meiner Rechten auszustrecken. Damit drücke ich aus, dass mein Handeln in einem größeren Ganzen aufgehoben ist.

Dasselbe vollziehe ich dann mit meinem linken Arm bzw. meiner linken Hand, so langsam wie möglich.

II.

Als zweiten Schritt auf diesem Weg zu mehr Gelassenheit bilde ich mit meinen beiden Händen von meiner Leibmitte aus eine offene Schale, um zu sammeln, was im Moment da ist. Was immer ich in meiner Tiefe spüre an Hoffnungen, Ängsten, Vertrauen, Verunsicherungen, Verwundungen, Zuversicht oder Ärger, ich halte es hoch. Dazu hebe ich meine beiden Hände wie eine offene Schale vor meine Augen, um da einen Moment innezuhalten und anzuschauen, was da ist. Ohne zu werten, ohne zu beurteilen, versuche ich es anzuschauen. Denn ein gelassener Mensch, der seiner Lebenskraft, seinem Glauben in sich traut, übt ein, wahrzunehmen was ist. Denn LASSEN kann ich nur, was ich wahrgenommen habe. Die beiden folgenden Gebete drücken diese Grundhaltungen aus:

– Zum Bilden der Schale:

Gelassen der Mensch
der wagt behutsam in die Hände zu nehmen
was sein Leben bewegt und prägt

Hoffnung
Ärger
Vertrauen
Zweifel
Dankbarkeit
Angst
Zuversicht

Gelassen der Mensch
der alltäglich einübt
wahrzunehmen
was ist
was ansteht in seinem Wachstumsprozess

Gelassen der Mensch
der im tiefen Ein- und Ausatmen spürt
dass es wohl auf ihn ankommt
jedoch letztlich nicht von ihm abhängt

Er wird verwurzelt sein in Gott
und wird dadurch erfahren
wie er vor aller Leistung anerkannt ist

– Beim Hochhalten der beiden Hände, um anzuschauen, was ist:

Gelassenheit wächst
wenn ich mein Leben darbringe
hochhalte was immer
ich in und um mich herum spüre

Gelassenheit wächst
im Innehalten und Annehmen
was mich im Moment bewegt

Gelassenheit wächst
wenn ich meine Wut spüre
sie anschaue
um sie verwandeln zu lassen

Gelassenheit wächst
wenn ich mich freue
über eine gelungene Arbeit
und mir Anerkennung zugestehe

Gelassenheit wächst
wenn ich verletzlich bleibe
und mit Zivilcourage beim Namen nenne
was ungerecht ist

Gelassenheit wächst
wenn ich genieße
was mir jeden Tag geschenkt wird an

Lebenskraft
Kreativität
Zärtlichkeit
Vertrauen

III.

Schließlich übe ich mich ins Loslassen ein, indem ich die Schale öffne, meine Arme weit ausbreite, um in Kreuzform dazustehen. Kreuz und Auferstehung ist in meinem Leibsein angelegt, indem ich loslasse, was ich angeschaut habe, auch wenn es mir schwer fällt, damit ich es Gott überlassen kann. Er wird es wandeln.

Dieses Loslassen wird sichtbar, wenn ich die Hände mit meinen ausgebreiteten Armen umdrehe, um das, was in den Händen war, fallen zu lassen. Danach bewege ich meine Arme, Hände langsam nach unten.

– **Beim Loslassen:**

Gelassener möchte ich werden Gott
im alltäglichen Einüben des Loslassens
im Annehmen meiner durchkreuzten Hoffnungen
weil ich erahne
dass ich daran wachsen und reifen kann

Gelassener möchte ich werden Christus
mein Scheitern
meine Verhärtungen
meine Ohnmacht
meine Allmachtphantasien
dir überlassen
damit du mich erlösen kannst von der Angst
nicht angenommen zu sein
damit du in mir jeden Tag neu auferstehen kannst
im Einüben des aufrechten Ganges

Gelassener möchte ich werden heilender Geist
im Entdecken deiner Gegenwart in der Schöpfung
im Genießen der Sinnlichkeit und Zärtlichkeit
im Verwurzeltsein in tragenden Beziehungen
im Verinnerlichen des Grundgeheimnisses unseres Lebens:
sterben und werden
loslassen und neu empfangen

Jeden Tag neu

Dann beginnt die Abfolge wieder neu: Hochhalten meines rechten Armes, dann des linken Armes, Bilden der offenen Schale mit beiden Händen, hochhalten, ausbreiten und loslassen.

– **Gebärden mit Musik feiern:**

Um diese Gebärden intensiver gestalten zu können, kann die Musik eine Hilfe sein. Durch die Klänge werde ich zur Bewegung bestärkt. Ich verwende für diese drei Schritte zu mehr Gelassenheit das »Air« von Johann Sebastian Bach aus seiner 3. Ouvertüre. Es befindet sich auch (zusammen mit Musikstücken von anderen Komponisten) in: Albinoni: Adagio. Pachelbel: Canon. Berliner Philharmoniker. Herbert von Karajan, Deutsche Grammophon 1984, Polydor Hamburg 413 309–2.

Zwei weitere Gebärdeübungen mit Musikstücken von dieser CD finden sich auch im 8. und 10. Kapitel.

Natürlich ist es auch möglich, andere Lieblingsmusik zu diesen Gebärden zu verwenden.

Mich hingeben
hineinbegeben in den Fluss des Lebens
in Beziehungen
ins Wachsen und Reifen

Mich hingeben
aller Widerstände zum Trotz
ringend
kämpfend
schreiend
dem Schrei nach echtem Leben folgend

Mich hingeben
in dich hinein
mein Leben loslassen
in jedem Moment meines Daseins erahnen
wie du Hingabe ermöglichst

Du
hoffnungsstiftende Zuwendung
Grund aller Begegnungen von Menschen
die Hingabe wagen

*

Sich fallen lassen
loslassen
vertrauend
dass ich nicht tiefer fallen kann
als in Gottes Arme

Du fängst mich auf
trägst mich durch
wenn ich nicht mehr mag
wenn meine Füße straucheln
auch im Still-stand kann Wesentliches geschehen
Unfertiges sich vollenden lassen

*

Mich fallen lassen
welch ein Wagnis
überversichert sind wir

Sicherheit steht über allem
Hungernde haben keinen Platz in unserer Welt
abhanden ist uns der Sinn fürs Teilen gekommen

Mich fallen lassen
in die eigene Not
in die Not-schreie der Menschen

Zum Gleichnis des Teilens werden
loslassen
mich fallen lassen
in dich hinein
du wendest dich uns zu in Parteilichkeit
nicht nur meine Würde
sondern die Würde aller Menschen soll aufscheinen
so wird dein Angesicht sich offenbaren
im solidarischen Teilen
auch von Ängsten und Hoffnungen

*

Im Sturm des Lebens
bist du mein ruhender Pol
der Stille ermöglichen wird

Da wo ich leide an der Zerstörung aller Kreatur
lässt du mich standfest werden

Standfest mich fallen lassen
weil du niemanden fallen lässt

*

Schmerz fließt durch mich
von einer Körperstelle zur andern
Spannungen bestimmen mein Leben

Verhärtet
versteinert
verbittert
will ich befreit werden

Im Fallenlassen
mich dir überlassen

*

Rauschende Wellen
freier Flug
im Banne des Windes
sich vergessen
treiben lassen

Hineintauchen
    in die eigene Tiefe
    sich fallen lassen
    in den Urwunsch
    aufgehoben zu sein

Aufgehobene Alltagssorgen
    die sich verfliegen

*

Musik
    Ekstase
    tanzend bewegt durchs Leben gehen
    die brennenden Fragen einen Moment beiseite lassen

Genießen
    entspannen
    die Spannung loslassen
    um sie besser aushalten zu können

Gleichgewicht finden
    in der Gratwanderung der Sinnsuche

Dich ertasten als ruhende Mitte

*

Dem Flug der Möwe nachstaunen
    wie sie sich tragen lässt
    gleiten lässt

Den Flug der Möwe in sich weitertragen
    damit im Schrei nach Sinn
    wortlos gekrümmt die kleine Ahnung bleibt
    dass im Schmerz neues Leben geboren wird
    wo ich Flügel erhalten werde
    weil du in mir gebierst
    was himmelwärts gehört

*

Dem Schweren in die Augen schauen

In vergifteten Momenten unseres Lebens
    führst du uns Gott zurück
    zur Leben spendenden Quelle in uns

Allerdings
    mutest du uns zu
    das Bedrohliche anzuschauen
    damit jegliche Erfahrung heilsam werden kann

Alleine ist dies eine Überforderung
    WegbegleiterInnen brauchen wir
    die mich auf meine blinden Flecken hinweisen
    weil sie mir Verwandlung zugestehen

Du bewegst diesen Prozess
    zum heilenden Aufatmen

Nach Numeri 21,9

*

Erschlaffte Hände erstarken lassen

Mit gebundenen Händen zusehen
wie über unsere Köpfe hinweg
kirchliche Entscheide getroffen werden
die weit entfernt sind von der Offenheit des Evangeliums

Mit gebundenen Händen wahrnehmen
wie ein Rivalitätsklima am Arbeitsplatz sich ausbreitet
weil niemand sich wehrt
aus Angst selber betroffen zu werden

Mit gebundenen Händen erfahren
wie Krebs in mir wuchert
unerträgliche Schmerzen mich an die Grenzen
des Wahnsinns treiben

Wüstenerfahrungen
im Staub des Alltags
erhellt in den Hoffnungsworten des Propheten Jesaja:
Macht die erschlafften Hände wieder stark

Es gibt eine andere Möglichkeit als Fremdbestimmung
im Erkennen von Tod und Auferstehung als Grundgeheimnis
unseres Lebens
sich wehren mit aller Kraft
zugleich loslassen mit aller Hoffnung

Nach Jesaja 35,3

*

Vergangenheitsbewältigung

Unaufgearbeitete Vergangenheit
holt mich unaufhaltsam ein
Schuldzuweisungen sind an der Tagesordnung

Verunsichert komme ich zu dir Gott
weil du ein Gott der Geschichte bist
und dich immer schon eingemischt hast

Du mutest uns zu auch die Schuld
unserer Väter und Mütter
nicht auszublenden
weil wir alle Scheiternde sind
nicht als Legitimation weiterhin zu schweigen
sondern als Versuch
Vergangenheit zu bewältigen

Hoffend dass du Herzen
verschiedener Generationen
einander neu zuwenden kannst

Nach Maleachi 3,23

*

Gelassener werden

Erfüllt von dir
Gott
kann ich nur sein
wenn ich leer werde
beim Ausatmen lasse ich los
und übergebe dir diesen Tag

Nicht dass ich dabei mich nicht einsetzen werde
ganz im Gegenteil
vertrauend
dass du tiefster Grund meiner Arbeit bist
brauche ich mich nicht
unnötig in vielen kleinen Sorgen zu verlieren
sondern kann mitgestalten
an deiner Sicht der Welt
die allen Lebensraum zuspricht

Erfülle mich jeden Tag neu
mit deiner Vertrauen stiftenden Kraft

Nach Matthäus 6,34

5

Aufstehen zum Leben

Während Jesus noch redete,
kamen Leute, die zum Haus des Synagogenvorstehers
gehörten, und sagten zu Jaïrus: Deine Tochter ist gestorben.
Warum bemühst du den Meister noch länger? Jesus,
der diese Worte gehört hatte, sagte zu dem Synagogenvorsteher:
Sei ohne Furcht, glaube nur! Und er ließ keinen mitkommen außer Petrus,
Jakobus und Johannes, den Bruder des Jakobus. Sie gingen zum Haus des
Synagogenvorstehers. Als Jesus den Lärm bemerkte und hörte, wie die Leute laut weinten
und jammerten, trat er ein und sagte zu ihnen: Warum schreit und weint ihr?
Das Kind ist nicht gestorben, es schläft nur. Da lachten sie ihn aus.
Er aber schickte alle hinaus und nahm außer seinen Begleitern nur die Eltern mit in
den Raum, in dem das Kind lag. Er fasste das Kind an der Hand und sagte zu ihm:
Talita kum!, das heißt übersetzt: Mädchen, ich sage dir, steh auf!
Sofort stand das Mädchen auf und ging umher. Es war zwölf Jahre alt.
Die Leute gerieten außer sich vor Entsetzen. Doch er schärfte ihnen ein,
niemand dürfe etwas davon erfahren; dann sagte er,
man solle dem Mädchen etwas zu essen geben.

Markus 5,35–43

Auferstehung steht im Zentrum des christlichen Glaubens. Ich vertraue, dass ich im Tod in Gott hineinsterbe, damit er all das, was bruchstückhaft war in meinem Leben, vollenden kann und ich zu ewigem Leben auferstehen kann. Wie das geschehen wird, weiß ich nicht. Es bleibt meine Hoffnung, je mehr ich entdecke, dass wir zuerst im Hier und Jetzt zur

Auferstehung gerufen sind. Solches ereignet sich, wenn wir zum Beispiel aus dem Schlaf der Genügsamkeit und der Oberflächlichkeit zu mehr Lebendigkeit erwachen. In jeder und jedem von uns liegt ein unerschöpfliches Potenzial an Entfaltungsmöglichkeit. Solidarische Heilung geschieht im Wecken unserer Kreativität, unserer Gaben und Charismen. Sie können durch Erziehung, durch einengende Sozialisation unterdrückt worden sein; doch es ist nie zu spät, sie zu neuem Leben zu erwecken.

Dazu inspiriert mich die heilende Erzählung der Tochter des Jaïrus. Jesus fasst sie an der Hand und sagt ihr kraftvoll: »Talita kum! Ich sage dir, steh auf!«

Zu-mir-Stehen, Aufstehen, Einstehen für das Leben sind alltägliche, heilende Vorgänge. Je mehr ich sie an mir selber erfahren darf, umso glaubwürdiger kann ich auch andere an der Hand fassen und ihnen zusprechen: Steh auf! Die Lösung deiner Fragen ist in dir! Durchbrich deine Angst! Habe Mut, entfalte deine Gaben! Du bist es wert, lebendiger zu werden! Entdecke den Schatz, die Perle in dir, und setze sie zum Wohl der Gemeinschaft ein!

Im Fördern einer leibzentrierten Spiritualität lebe ich die Botschaft der Auferstehung. Denn ich *habe* keinen Leib, sondern *bin* Leib:

Die vier Elemente Erde, Wasser, Luft und Feuer lassen mich die Spur Gottes als Schöpfer spüren: in der Gartenarbeit Mutter Erde wirklich erfahren und dankbar sein für diese Lebensgrundlage; beim Schwimmen sich getragen fühlen, mich gehen lassen; beim Wandern in den Bergen die frische Luft einatmen, um dabei Gottes erfrischenden Geist zu erfahren; beim Verweilen am Feuer, wenn Funken sprühen, die kosmische Dimension nachvollziehen, die mich verbindet mit allem.

– Mein Glaubensweg ist ein Fußweg. In der Bibel kommt das Wort »Fuß« über 150 Mal vor. Dadurch wird erkennbar, wie hautnah Gott erfahrbar werden will. Jesus wäscht seinen Jüngern die Füße, um sie die Menschenfreundlichkeit Gottes spüren zu lassen. Beim Massieren meiner Füße werde ich mir auch dieser religiösen Dimension bewusst.

– Beim Aufstehen für Menschen, die sprachlos geworden sind oder die fremd sind bei uns und unsere Sprache noch nicht kennen, erneuern sich die Worte Jesu »Steh auf!«. Beim Einstehen für die Kleinen, Schwachen unserer Gesellschaft werden lebensbehindernde Gesellschaftsstrukturen durchbrochen, denn Gott ruft auf, jeden Tag neu das »Leben zu wählen« (Deuteronomium 30,19).

– Leibhaftes Sein und Beten kann ich durch die Psalmen einüben. Da ist die ganze Fülle unserer Gefühle zu finden. Beim liebevollen Pflegen meines Leibes erinnere ich mich gerne an den Psalmvers »Du salbst mich mit frischem Öl« (92,11). Andere leibzentrierte Gebete finden sich in meinen 150 aktualisierten Psalmen: »Du hast mir Raum geschaffen. Psalmengebete« (München [4]1999).

– Bei Spiel und Sport, beim Genießen meiner Bewegungsmöglichkeiten, beim spielerischen Zusammensein mit anderen kann ich Gott danken, für »sein wunderbares Tun an den Menschen« (Psalm 107,8), das sich stets ereignet, wenn ich zu neuer Beweglichkeit auferstehe.

Beim Erwachen spüren
    wie du mich neu geschaffen hast
    Ängste und Unsicherheiten der Nacht durchbrichst

Du stellst mich auf die Beine

Steh auf
    steh zu dir
    finde deinen Standpunkt
    heute
    hier
    jetzt

Deine Lebensaufgabe lässt dir
    ein neues Gesicht schenken
    lässt dich verbinden mit vielen

Einmalig
    einzigartig

*

Lausche dem Pulsschlag deines Herzens
    dein Leben ist umsorgt
    du wirst mit neuem Blut erfrischt
    so sei deine Aufgabe
    die Antwort auf all die Gaben
    die du oft so selbstverständlich hinnimmst
    da zeigt sich der göttliche Hoffnungsfaden in dir

*

Ganz bei mir sein
    meiner Sehn-sucht
    weiten Raum schenken lassen
    mich entfalten
    im Puls des Lebens
    den göttlichen Lebensfunken erahnen

Mich hingeben
    im Atem mich aufrichten lassen

Da sein

*

Im Säuseln des Windes

Nicht mehr länger auf die großen Wunder warten
    sondern im Alltäglichen das Wunderbare entdecken

Eine Erfahrung
    die im Einüben der Dankbarkeit geschieht

Weniger Ansprüche an das Leben stellen
    im Säuseln des Windes
    die zärtlich-hoffnungsvolle Zuwendung Gottes erahnen
    die mir geschenkt wird

Jeden Augenblick als einmalig erfahren
    dankbar staunen wie viel Gutes mir oft entgegenkommt

Nach 1 Könige 19,12

Traue dir selber mehr

Auch du bist beim Namen gerufen
wenn Zweifel und Angst dich einholen
Widerstand sich breitmacht
dann verurteile dich nicht
sondern spüre vertrauensvoll
wie dies zu einem echten Menschen gehört

Viele biblische Menschen sind aufgeschreckt
als der Engel sie ansprach
weil er sie auf sich selber
auf Gott zurückgeworfen hat

Sag nicht
ich bin noch viel zu jung
sondern wage dich selber hinein
weil im Gehen der Weg entsteht

Schritt für Schritt
ein- und ausatmend
wirst du finden
was dich schon längst erwartet

Nach Jeremia 1,7

*

Schatz im Acker

Die kostbare Perle in sich entdecken
die Seele als Diamanten sehen
deren Glanz nie erlischt

Dir immer wieder Oasentage schenken lassen
um in Berührung zu kommen
mit dieser verborgenen Wirklichkeit
die sich dir neu zeigt
wenn du den Mut hast
den Rückzug aus aller Aktivität zu wagen
damit sich in dir kraftvoll
der göttliche Zuspruch vor allem Anspruch erneuert

Dein tiefster Wert entspringt aus deinem Sein

Nach Matthäus 13,44–46

*

Achtsamkeit

Alltäglich will ich Sorge tragen zu mir
mein inneres Gleichgewicht finden
um meinen Leib nicht auszubeuten
und auf mein inneres Feuer zu achten

Wachsam will ich bleiben
um zu entdecken
was zutiefst in mir brennen möchte

Das Gleichnis der Jungfrauen
will ich in mir als Lebensprozess entdecken
denn da wo ich mich zu wenig gerne habe
entfremde ich mich mir selber

Auf einmal kenne ich mich nicht mehr
weil ich mich so verausgabt habe
und völlig ausgebrannt bin

Christus
entzünde in mir das Feuer
der echten Selbstliebe

Nach Matthäus 25,1–13

*

Sich freuen an den Talenten

Nicht mehr länger meine Talente vergraben

Du
öffnest mir Räume
worin ich mich verwirklichen kann
wo meine Lebenskraft fließen kann

So kann ich zum Wohle der ganzen Gemeinschaft
so werden
wie du mich von Anfang an gemeint hast

Nicht mehr aus Angst vor Fehlern
meine Talente hinunterspielen

Mich dem Leben mit all seiner Faszination und
    Herausforderung stellen
    Durststrecken aushalten
    nicht mehr länger reagieren
    sondern agieren aus meiner innersten Mitte heraus

Da
    wo du zutiefst wohnst und wirkst

Nach Matthäus 25,14–30

*

Sanfte Berührung

Seit Jahren suche ich
    Halt und Geborgenheit
    bin mir selber entfremdet

Von Glaube und Kirche
    habe ich mich längst verabschiedet
    weil ich zu viel Unheil
    und Verlogenheit erfuhr
    ausgeräumt habe ich all
    die falschen Schuldgefühle
    die verneinende Lebenslust
    die Angst vor der Sexualität

Befreiend war jahrelang
    dieses Ausziehen aus einer
    lebensverneinenden Religion
    doch jetzt bleibe ich im leeren Raum zurück
    wo Sinnlichkeit und Rituale mir fehlen

Ganz vorsichtig von hinten berühre ich den Saum
    ganzheitliche Heilung suche ich
    im kritisch-vertrauenden Miteinander mit anderen Suchenden

Nach Markus 5,27

*

Dein Glaube hat dir geholfen

Oasen der Stille
    wünsche ich dir
    wo deine Herzensstimme
    hörbar wird
    wo dir schmerzvoll-befreiend
    bewusst wird
    wie du dich zu wenig ernst genommen hast
    deine Ressourcen in dir
    zu wenig entfaltet hast

Lass dich aufrichten
    und vertraue
    dass in deinen Fragen
    die Antwort schon angelegt ist
    die dich glauben lässt
    an Verwandlung und Heilung

Nach Markus 5,34

*

Dem Engel begegnen

Engel bringen kraftvolle Botschaften in mein Leben
erscheinen mir im Traum
damit jener Teil der Wirklichkeit
angesichts der Ewigkeit in mir
neu aufscheint und mich mein
Leben neu anpacken lässt

Engel können schrecklich sein
weil sie mir mein wahres Wesen zeigen
den göttlichen Funken in mir freilegen
damit ich nicht weiterhin gelebt werde
sondern an meiner Lebensgeschichte mitschreibe

Engel sagen mir in Momenten der Zweifel
und der Verunsicherung

Fürchte dich nicht
mache es wie Gott
werde Mensch

Nach Lukas 1,30

*

Das Kind in mir

Das Kind in sich umarmen
ihm mit Wohlwollen begegnen

Das Kleine in sich ins Zentrum stellen
damit es wachsen kann
Entfaltungsräume sich öffnen können

Das Bedürftige in mir liebevoll annehmen
im Widerstand gegen
das Diktat der Tagesordnung
die uns viel Lebensatem verschlingt

Kinderfreundliche Wohnviertel fördern
die Lebenskraft der Kinder
als Ermutigung spüren
selber Kind sein dürfen
voll Selbstbewusstsein und mit Rückgrat

Nach Lukas 9,47

6

Nähe und Distanz einüben

Jesus verließ das Gebiet von Tyrus
wieder und kam über Sidon an den See von Galiläa,
mitten in das Gebiet der Dekapolis. Da brachte man einen
Taubstummen zu Jesus und bat ihn, er möge ihn berühren.
Er nahm ihn beiseite, von der Menge weg, legte ihm die Finger in die Ohren
und berührte dann die Zunge des Mannes mit Speichel;
danach blickte er zum Himmel auf, seufzte und sagte zu dem Taubstummen:
Effata!, das heißt: Öffne dich! Sogleich öffneten sich seine Ohren,
seine Zunge wurde von ihrer Fessel befreit, und er konnte richtig reden.
Jesus verbot ihnen, jemand davon zu erzählen. Doch je mehr er es ihnen verbot,
desto mehr machten sie es bekannt. Außer sich vor Staunen, sagten sie:
Er hat alles gut gemacht; er macht,
dass die Tauben hören und die Stummen sprechen.

Markus 7,31–37

Nähe und Distanz sind lebensnotwendige Grundhaltungen, um mehr Mensch werden zu können und sich als Teil einer Schöpfungsfamilie zu sehen. In der Heilungsgeschichte eines Taubstummen werden diese Motive entfaltet.

Bevor Jesus sich mit intensiven Berührungen einem Taubstummen zuwendet, nimmt er ihn beiseite. Heilende Erfahrungen können sich mir eröffnen, wenn ich Distanz schaffe zu meiner Familie, meinem Alltag, meinem Umfeld. Bei wichtigen Loslösungsprozessen in unseren Beziehungen ermöglicht Distanz eine tiefere, freiere Verbundenheit. So wird wieder neu Nähe möglich, die nicht einengt, sondern zärtlich-lustvoll-wohltuend ist. Je mehr ich gefordert bin, umso mehr brauche ich Distanz, um mich nicht zu verlieren im »Dschungel der Ansprüche«: Diese lassen mich schlussendlich taub und stumm werden. Heilender Rückzug ereignet sich, wenn ich ihn nicht als Abkapselung sehe, sondern als Dienst an der Gemeinschaft, um dadurch eine neue Offenheit zu erfahren. In meiner spirituellen Begleitung vieler Menschen wird auf die Dauer sichtbar, dass Menschen, die sich in die Stille zurückziehen, kraftvoller, kreativer und freier im Leben stehen. Eine befreiende Nähe wird möglich, die heilende Kräfte im Zusammenspiel der Begegnungen freilegt:

Ich bin Teil der Schöpfung. Durch sie kann ich einen lebensfördernden, heilenden Rhythmus entdecken. In der Brachzeit des Winters ist Wachstum nicht ersichtlich, doch im Zurücknehmen der Wachstumkraft geschieht höchste innere Aktivität, die im Frühling als heilende »Grünkraft« erfahrbar wird.

Ich nehme mir Zeit, um mir so einen Rhythmus zu schaffen. Dabei sensibilisiere ich mich, meine Familie, meinen Freundeskreis, dass ich im Rückzug nicht abwesend von den Beziehungen bin , sondern durch die Distanz eine tiefere Nähe zu allen Dingen und Menschen und zu Gott suche.

– In all meinen Berührungen, im Berührtwerden und im Erleben meiner erotischen Lebenskraft erinnere ich mich, dass Gott Zärtlichkeit ist. Begegnungen, die mir zutiefst gut tun, lasse ich nachklingen, indem ich mir den Blick, die Berührung, die Worte vergegenwärtige und staune, wie »er alles gut gemacht hat« (Markus 7,37). Denn je mehr ich wirklich genieße, umso mehr kann ich diese Erfahrungen wieder loslassen. Jesus wagt Zuwendung und Berührungen, doch er entlässt die Menschen in Freiheit auf ihren Weg. Diese heilenden Erfahrungen sind not-wendig in all unseren Reifungsprozessen, damit wir offene Menschen bleiben.

– Nähe und Distanz wagt Jesus in seinen heilenden Begegnungen. Bevor er Zuwendung schenkt, blickt er zum Himmel, in die Weite, um aus der Verbundenheit mit Gott sich zu engagieren. Er eröffnet uns durch diese Sichtweise des Lebens ein Stück Himmel. Diese Bewegung kann mir zum Alltagsritual werden. Wenn ich besonders gefordert bin, dann hebe ich ab und zu den Blick zum Himmel. Der Atem und das bewusste Wahrnehmen meines Leibes werden mir helfen, um im tiefen Ein- und Ausatmen das Grundgeheimnis des Lebens zu erneuern: Ein und Aus, Nähe und Distanz, Tod und Auferstehung.

Meinem Beweggrund auf der Spur
bewegt werden im Innersten

Verhärtete Stellen werden aufgeweicht
weil du zur Versöhnung bewegst
liebendes Aufmerken ermöglichst

Meinem Beweggrund auf der Spur
mein Handeln vertiefen

Welche Antriebskraft bewegt mich
ist es der unendliche Durst nach Anerkennung
oder das Fließenlassen meiner schöpferischen Kräfte
die nicht mehr aufzuhalten sind

Meinem Beweggrund auf der Spur
um hoffnungsvoll dich
in allem zu erahnen
du Beweggrund allen Seins

*

Nach innen gehen
nicht außerhalb suchen
was in mir erlöst sein möchte
in die Abgründe mich hineinwagen
in die unangenehmen Eigenschaften

Nach außen gehen
voll innerer Kraft
mich von meiner inneren Stimme leiten lassen

Dir vertrauen
    mir zutrauen
    wie die Gerechtigkeit durch mich Hände und Füße erhält

Auf den Boden stampfen
    Widerstand wagen
    Nein sagen können
    zum Wahnsinn der Zerstörung

Einfach leben

Innen
    außen
    im Gleichgewicht

Dich in allem suchen
    auch in all den Ereignissen
    die mir widerfahren
    mich auf mich selber zurückwerfen
    mich nach dem Sinn des Lebens
    und der Schöpfung fragen lassen

Dich leidenschaftlich suchen
    im Scheitern
    in Rückschlägen
    in Verunsicherungen
    staunend deine Solidarität erahnen

Du verbindest uns zum Aufstand für das Leben

*

Zweifel holen mich ein
    Sehnsucht spannt ihre Flügel aus
    will mich hinausführen aus Enge und Hartherzigkeit

Angst loslassen
    du Sehnsucht bewege mich
    den Sprung zu wagen
    um aus meiner eigenen göttlichen Quelle zu trinken

Da bist du im Fluss des Lebens
    der Urgrund aller Sehnsucht

*

Folge deiner Intuition
    spüre nach
    was dich bewegt
    berührt
    verletzt

Suche in den vielen Bedürfnissen
    deinen Ur-wünschen Beachtung zu schenken

Anerkennung
    Verwandlung
    Verwurzelung

Gott bewegt sich mit dir in deiner Selbstwerdung

*

Abschied nehmen können
    in kurzen Momenten vergegenwärtigen
    was an vertrauensvollen Beziehungen gewachsen ist

Abschied nehmen können
    einander Echo geben
    Gedanken und Gefühle austauschen
    bestärkende Worte annehmen können

Sich freuen über die eigenen Gaben
    sie zurückfließen lassen
    in dich hinein
    du Urgrund aller Begegnungen
    andere Anteil nehmen lassen an dem
    was sie mir bedeuten
    es ihnen sagen
    um sie loslassen zu können
    in dich hinein

*

Wende-Zeit

Zeit der Zuwendung
    mein Leben wenden lassen
    wende dich mir zu

Göttliche Zuwendung als Lebenskraft
    die sich durch die Widerlichkeiten des Lebens
    durchsetzen kann

Wendbar ist jede Not
Not-wendigkeiten bringen uns
an die Brennpunkte unserer Existenz
da wo die Antworten ausgehen
weil Infragestellungen
uns Wendezeiten zukommen lassen

Wende dich mir zu
im zärtlichen Zusammensein
wesentliche Wendezeiten
sind unersetzlich
hier und jetzt

*

Aufbrechen

Du kannst es nie allen recht machen
Auch wenn du dich nicht entscheidest
so entscheidest du dich für den Status quo

Horche auf deine innere Herzensstimme
nimm aufmerksam den Zeitpunkt wahr
wo es kein Zurück mehr gibt
nur noch Aufbruch
weil du sonst hinter deiner Lebensaufgabe
zurückbleibst

Höre wie dir aufgegeben ist
an den Ort zu ziehen
der dir gezeigt wird

Die Lösung liegt tief in dir
entscheide dich
lass Bewährtes hinter dir
weil du zu mehr Lebendigkeit gerufen bist

Nach Genesis 12,1

*

Feindesliebe

Wut und Trauer bestimmen mein Leben
seit Jahren will ich näher an sie herankommen
und fließen lassen

Jetzt wo ich auf einmal
diesen Gefühlen ausgeliefert bin
und ich manchmal die Kontrolle verliere
fällt es mir schwer
mich anzunehmen

Erschreckt bin ich über
die gewaltvollen Traumbilder

Dem Ideal der Feindesliebe
komme ich auf die Spur
wenn ich jene Bilder
in mir annehme
damit sie verwandelt werden können

So muss ich keine subtilen Feindbilder aufbauen
sondern kann lernen mit Trauer und Wut umzugehen
damit echte Versöhnung möglich wird

Nach Matthäus 5,43–48

*

Wie soll das geschehen?

Wie soll die Gottesgeburt
sich in mir neu ereignen
wie den Engel inmitten des Alltags
wahr-nehmen als göttliche Stimme in mir
die mir neue Horizonte eröffnet
wo Verwandlung als unerwartetes Geschenk
mir entgegenkommt
im vertrauensvollen Hören

Fürchte dich nicht
mitzugestalten an einer gerechteren
und zärtlicheren Welt
wo Erdverbundenheit erfahrbar wird
mit dir Gott

Nach Lukas 1,26–38

*

Unterstützendes Mitsein

Jesus hat seine Macht geteilt
Jüngerinnen und Jünger sandte er aus
um zu heilen und Hoffnungsgeschichten zu erzählen

Ermächtigung ist der große Dienst
den es heute zu verwirklichen gilt

Gott sei Dank lassen sich Frauen
nicht mehr länger zurückbinden

Unser heruntergekommener Gott
    unterstützt nicht ungerechte Kirchenstrukturen
    sondern einzig heilendes Miteinander

Fördern der Menschenrechte beginnt
    zuallererst in der Kirche selber

Nach Lukas 8,1–3

*

Du
    bewegst mich heilend
    da zu sein mit anderen

Heilende Nähe
    im Aushalten von Ohnmacht
    im Trösten angesichts des Todes
    im Aufnehmen von AsylbewerberInnen
    im Fördern der spielerischen Kraft
    im Genießen der Wunder deiner Schöpfung

Du
    berührst mich aufzubrechen
    Hoffnungsgeschichten weiterzuerzählen

Hoffende Nähe
    im mutigen Aussprechen von Ungerechtigkeiten
    im ehrlichen Eingestehen von eigenen Grenzen
    im kreativen Entwickeln von Solidaritätsinitiativen
    im beharrlichen Einfordern von Kinderrechten
    im erholsamen Ausruhen und Wandern

Du bewegst zu heilender Hoffnung

Nach Lukas 9,1

*

Nicht zurückschauen

Du
bist jene bestärkende Stimme in mir
die mich mit Entschiedenheit
aufbrechen lässt
als Mensch mit Zivilcourage
der seiner innersten Mitte traut
nicht mehr zögert
wenn der Moment
der Kairos da ist
wo es zu handeln gilt

Wachsam will ich bleiben
für diese lebensfördernde Kraft
in mir
die sich auch durch alle
Unentschlossenheit
hindurchformen kann
zu mehr Lebendigkeit entgegen

Nach Lukas 9,57–62

7

Heilendes Teilen

In jenen Tagen waren wieder einmal viele Menschen um Jesus versammelt. Da sie nichts zu essen hatten, rief er die Jünger zu sich und sagte: Ich habe Mitleid mit diesen Menschen; sie sind schon drei Tage bei mir und haben nichts mehr zu essen. Wenn ich sie hungrig nach Hause schicke, werden sie unterwegs zusammenbrechen; denn einige von ihnen sind von weither gekommen. Seine Jünger antworteten ihm: Woher soll man in dieser unbewohnten Gegend Brot bekommen, um sie alle satt zu machen? Er fragte sie: Wie viele Brote habt ihr? Sie antworteten: Sieben. Da forderte er die Leute auf, sich auf den Boden zu setzen. Dann nahm er die sieben Brote, sprach das Dankgebet, brach die Brote und gab sie seinen Jüngern zum Verteilen; und die Jünger teilten sie an die Leute aus. Sie hatten auch noch ein paar Fische bei sich. Jesus segnete sie und ließ auch sie austeilen. Die Leute aßen und wurden satt. Dann sammelte man die übrig gebliebenen Brotstücke ein, sieben Körbe voll. Es waren etwa viertausend Menschen beisammen. Danach schickte er sie nach Hause. Gleich darauf stieg er mit seinen Jüngern ins Boot und fuhr in das Gebiet von Dalmanuta.

Markus 8,1–10

Heilung geschieht nicht nur im persönlichen Bereich. Mein Hunger und Durst nach Gerechtigkeit, meine Solidarität, mein alltägliches Einüben der Toleranz und des Respektes allen Menschen und der ganzen Schöpfung gegenüber haben eine heilende Wirkung auf der ganzen Welt. Auch mein Meditieren und Gottesdienstfeiern trägt zu einem heilenden Miteinander bei. In unserer kleinen Kapelle unseres offenen Klosters betone ich immer wieder, dass wir nicht als kleiner Kreis unter uns sind, sondern als Teil eines Ganzen. Geben und Nehmen lassen unser Zusammensein ein Leben lang spannend bleiben. Die heilende Kraft Gottes will uns vor allem befreien von der Angst, zu kurz zu kommen. Wir werden Gefangene der Habendimension, wenn wir das Teilen aus unserem Leben ausklammern.

In der heilenden Erzählung der Brotvermehrung geschieht Wundervolles, weil es Jesus gelingt, jede und jeden zum Teilen zu bewegen. Wenn jede/r gibt, wovon sie/er hat, dann werden *alle* satt. Auf einmal öffnen alle ihre Taschen und siehe da, es ist viel mehr da, als alle ahnen.

Ängste, Hoffnungen, Zweifel und Zuversicht teilen schafft ein heilendes Klima, wo wir aufatmen können. Unsere Gesellschaft braucht vermehrt Menschen, die in und um sich entdecken, was alles schon da ist und im Moment noch verborgen bleibt. Politisches Handeln beginnt im Bewusstsein, dass auch ich den ersten Schritt tun muss, um die Entsolidarisierung zu stoppen. Dabei darf ich vertrauen, dass ich durch Verlieren, Loslassen, Teilen meines Besitzes und meiner Gaben sinnstiftende Heilung erfahre. Sie ermöglicht mir, mit anderen zusammen mit Rückgrat für die Menschenrechte einzustehen:

Bevor ich ein Brot anschneide, nehme ich es wirklich in die Hand und wende mich ihm segnend zu. Dies kann sichtbar werden, indem ich es mit einem Kreuzzeichen bezeichne. Immer wenn ich ein Stück Brot breche, erinnere ich mich, dass Christus im Brotbrechen erkannt worden ist. Beim Berühren, Schmecken und Kosten eines Stückes Brot lasse ich mich zum Teilen bewegen.

- Wir brauchen nicht nur das tägliche Brot, sondern auch die tägliche Anerkennung, die zärtliche Geste, den kraftvollen Widerstand mit den Entrechteten. Im Engagement für Amnesty International, WWF, Greenpeace, Caritas, Misereor oder andere Organisationen erneuert sich die wunderbare Brotvermehrung. Denn die Gaben der Schöpfung gehören niemandem. Ich überlege mir, wie viel Prozent meines Lohnes ich regelmäßig weitergebe, um dadurch auf dieser Welt heilend tätig zu sein.

– Gil Ducommun, diplomierter Ingenieur Agronom der Eidgenössischen Technischen Hochschule Zürich (ETHZ), Mitbegründer der BEAULIEU-Bewegung (internationaler ökospiritueller Verein) und des europäischen, spirituell-politischen Netzwerkes HOLON, ruft die vielen Menschen, die sich um ein neues spirituell-politisches Bewusstsein bemühen, auf, sich zur Verfügung zu stellen im Pilotprojekt für eine spirituelle, öko-soziale Bewegung Europas. Weitere Informationen sind erhältlich bei: *Gil Ducommun, Postfach 7965, CH–3001 Bern.*

– Im Feiern der Eucharistie verdichtet sich, was immer zu unserem Leben gehört: die Wandlung. Ein kleines Stück Brot wird zu unserer tiefsten Hoffnung: Gott mit uns in all unserem Sein und Tun. Daraus schöpfen wir die Widerstandskraft, um all die strukturelle Schuld zu überwinden, die die Armen immer ärmer und die Reichen immer reichen werden lässt. Dies wird möglich, wenn ich mich zusammen mit anderen vermehrt im Sein, in Gott verwurzle. Diese Rückbindung führt mich zu mir selber, was in der jüdisch-christlichen Tradition immer auch bedeutet: zu den anderen und in alledem zu Gott.

Ankommen
    Fuß fassen
    Boden unter den Füßen neu schätzen lernen
    als Auftrag aufrechter mit den Gefolterten
    und Entrechteten die Vision einer Welt zu entwickeln
    wo alle verbindlich frei miteinander leben

*

Dankbar nicht zur Tagesordnung
    übergegangen zu sein

Dankbar in meinen Ferien nicht auf
    Lachen programmiert zu sein

Weinen
    staunen
    mitleiden
    genießen

Der Unerträglichkeit der Armut nicht ausweichen
    trotzdem tanzende Lebensfreude entwickeln
    die zum solidarischen Lebensstil bewegt

*

Schwerter zu Pflugscharen

Nichts gelernt aus der Geschichte
unheilvoll wiederholen sich schreckliche
Menschheitserfahrungen
Machtmissbrauch
Korruption
Diktaturen
gehören noch heute zu unserem Weltbild

Mitten in diese Ohnmacht sprichst du
durch Micha von einem anderen Weg
wo Schwerter zu Pflugscharen und
Lanzen zu Winzermessern
umgeschmiedet werden

Auch heute werden viele diesen Weg begehen
dank dir

Nach Micha 4,3

*

Salz der Erde sein

Salzig
würzig
prophetisch sein

Brennende Fragen unserer Zeit
unaufhaltsam einbringen

Gott
du bist Erinnerung

Die Autorität der Leidenden
    zeigt sich im
    solidarischen Kampf
    der aus der echten Kontemplation entsteht

Salz der Erde sein
    nicht Sirup
    klar bestimmt
    und doch unermüdlich versöhnlich
    vertrauend dass Reiche teilen
    Mächtige andere ermächtigen
    im Teilen von Prestige und Einfluss

Nach Matthäus 5,13

*

Licht sein

Ohne Wenn und Aber sprichst du uns zu
    Licht der Welt zu sein
    dein bedingungsloses Vertrauen
    in den Menschen zeigt sich kraftvoll

An dich glauben
    heißt an das Gute im Menschen zu glauben
    alltäglich ist diese Wirklichkeit bedroht
    umnachtet ist manchmal unsere Hoffnung
    angesichts der Unerträglichkeit der Gewalt
    des Psychoterrors ganz nah in der Nachbarschaft

Noch entschiedener will ich deinen Worten trauen
    Licht werden in dunkelsten Momenten der Menschheit

Nach Matthäus 5,14

*

Kraftvolle Zuwendung

Von der syrophönizischen Frau lernen
was Beharrlichkeit für eine Lebenskraft ausstrahlt
durch sie einem lernenden Jesus begegnen
der seine Prinzipien dem Leben zuliebe aufgibt

Durch sie auf meine Lebenskraft verwiesen sein
in dem ich nicht nur von anderen erwarte
dass sie mir aus meinen einengenden Mustern heraushelfen

Mich aufmachen
geduldig-bestimmt
ein neues Bild von mir
aufscheinen lassen
wo es auf mein Bemühen ankommt
und letztlich mir Verwandlung geschenkt bleibt

Nach Markus 7,24–30

*

Revolutionär

Wie angesichts der Globalisierung
vertrauensvoll mit Maria singen
dass du die Mächtigen vom Throne stürzen wirst?

Wie glaubwürdig erzählen von der Hoffnung
dass Reiche leer ausgehen werden
wenn immer mehr in die Enge einer
menschenverachtenden Wegrationalisierung
getrieben werden?

Muss es nicht zynisch tönen
    weiterhin von dieser Umkehr der Werte zu erzählen
    wenn brutal Tausende erwerbslos werden?

Oder liegt da die Macht der Ohnmächtigen
    die Sprachlosigkeit überwindet?

Wie Maria im Entwickeln von Hoffnungsvisionen
    aller Ungerechtigkeiten zum Trotz

Nach Lukas 1,52

*

Klar-stellung

Gott
    im Liebhaber des Lebens aus Nazareth
    erscheint unwiderruflich auf
    dass du Barmherzigkeit und Gerechtigkeit zugleich bist

Eine un-glaubliche Spannung
    die sich wiederfindet in den Worten:
    Wehe ihr Reichen! und
    Richtet nicht!

Was gilt nun?

Du stellst dich auf die Seite der Ausgegrenzten
ohne die Reichen zu verurteilen
du entlarvst ihre Habgier
ohne sie auszugrenzen

Lehre mich jenen klugen Widerstand
der unbequem bleibt
ohne verbissen zu werden

Nach Lukas 6,24

*

Konfliktfähigkeit lernen

Mein inneres Feuer entdecken
heilendes Feuer
das in den brennenden Fragen
unserer Zeit aufscheint
den heiligen Raum
in mir öffnet
wo niemand Zutritt hat
wo göttliches Feuer brennt
das reinigt und erhellt
meine Konfliktfähigkeit fördert
weil mir dadurch nicht mehr alles
gleich-gültig ist

Feuer hast du gebracht
um zur Ent-scheidung aufzurufen
für mehr Lebensqualität aller Menschen

Nach Lukas 12,49–53

*

Zum Gleichnis des Teilens werden

An zu vielem Äußeren läuft mein Leben ab
ich stehe mir oft selber im Wege
um mehr aus meiner Mitte heraus
meine Lebensauf-gabe zu gestalten

Loslassen einüben
beginnt im Genießen
im Nachspüren
was mir gut tut
und was ich auch anderen wünsche

Teilender Mensch werden
soldidarisch im Einüben
eines einfachen Lebensstils
weil sich dadurch nicht nur
meine Lebensqualität steigert
sondern ich nicht mehr so viel Materielles brauche

Gott
lass mich zu einem Gleichnis des Teilens werden
im konkreten Teilen
meines Besitzes
meiner Macht
meiner Gaben

Nach Lukas 18,22

*

Quelle lebendigen Wassers

Suche nicht außen
  was du in dir finden kannst

Wage gegen den Strom zu schwimmen
  in dem du deinem Lebensfluss traust

Dein Atem führt dich zum stündlichen
  Innehalten mitten im Alltag
  er verweist dich auf jene Wirklichkeit
  die dir immer schon geschenkt ist

DIE GÖTTLICHE QUELLE IN DIR

Aus ihr heraus kannst du Entfaltung finden
  zum Wohle all jener Menschen
  die deine Solidarität brauchen

Nach Johannes 4,14

*

Widerstand wagen

Gewaltfreien Widerstand wagen
alle Möglichkeiten ausschöpfen
dem Wahnsinn der Zerstörung von Mutter Erde
entgegenwirken

Bereit sein diffamiert zu werden
dem Leben zuliebe
ohne dabei seine Würde zu verlieren

Der Spirale der Gewalt
die innere Freiheit entgegensetzen
Schläge einstecken
ohne zurückzuschlagen

Zugleich mit meiner ganzen Lebensmacht
die entlarvende Frage stellen:
Warum schlägst du mich?

Nach Johannes 18,23

8

Kraftvolle Zuwendung

Sie kamen nach Betsaida.
Da brachte man einen Blinden zu Jesus und bat ihn,
er möge ihn berühren. Er nahm den Blinden bei der Hand,
führte ihn vor das Dorf hinaus, bestrich seine Augen mit Speichel,
legte ihm die Hände auf und fragte ihn: Siehst du etwas?
Der Mann blickte auf und sagte: Ich sehe Menschen;
denn ich sehe etwas, das wie Bäume aussieht und umhergeht.
Da legte er ihm nochmals die Hände auf die Augen; nun sah der Mann deutlich.
Er war geheilt und konnte alles ganz genau sehen.
Jesus schickte ihn nach Hause und sagte:
Geh aber nicht in das Dorf hinein!

Markus 8,22–26

Meinen spirituellen Weg als heilendes Unterwegssein verstehen bedeutet, mich in Beziehungen und Auseinandersetzungen hineinzubegeben. So wie die Liebe nicht einfach nur ein schönes, romantisches Gefühl ist, so kann ich mich und andere nur Heilung erfahren lassen, wenn ich Leben behindernde Muster durchbreche. Beim monatlichen Lesen des Magazins für Menschenrechte von Amnesty International wird mir auch diese politische Dimension bewusst. Uns müssen die Augen geöffnet werden für politisch Gefangene, die auf unsere heilende Solidarität warten, indem wir zum Beispiel regelmäßig Briefe an die verschiedenen Regierungen schreiben.

Informationen sind erhältlich bei Amnesty International:

A: Märinggasse 10/11, A–1150 Wien
CH: Postfach, CH–3001 Bern
D: Heerstr. 178, D–53108 Bonn

In der Heilung eines Blinden bei Betsaida entdecke ich diese Spur. Jesus will auch uns sehend werden lassen für himmelschreiende Ungerechtigkeit. Dazu bedarf es des größeren Blicks fürs Ganze. Das Hinausführen des Blinden aus dem Dorf und die Aufforderung, nicht ins Dorf zurückzugehen, wollen in mir diese Weite eröffnen, um mit ungeahnten Möglichkeiten im Leben zu rechnen. Dies benötigt Zeit und ist ein täglicher Prozess. Dabei brauchen wir die gegenseitige Ermutigung in Worten und Gesten.

Wenn ich auf diesem solidarisch-heilenden Weg auch ermutige, in Gebärden zu feiern, dann tue ich dies in dieser ganzheitlichen Haltung: Unscheinbare, persönliche Rituale sind für mich mehr denn je höchst politische Widerstandsakte. Denn ich suche in ihnen den Zugang zur heilenden Quelle in mir, die mich mit allem verbindet. Diese kraftvolle Zuwendung lässt mich auch einüben, mich dem Gefangenen, Unerlösten, Blockierten in mir zuzuwenden, um dadurch die Kraft zu finden für größeres Engagement.

Die folgenden drei Gebärden, die z.B. mit dem »Menuetto« aus der »Serenata notturna in D-Dur« von Wolfgang Amadeus Mozart (siehe S. 53 in diesem Buch: Nr. 9 in der angegebenen CD) alleine oder in Gruppen ausgedrückt werden können, lassen mich auf die Dimension des Himmels in meinem Leben hoffen:

I.

Ich stehe breitbeinig gut da und versuche, im bewussten Ein- und Ausatmen gerade zu stehen für mein Engagement (falls es mir nicht möglich ist zu stehen, kann ich es auch sitzend tun). Mit jedem Ausatmen spüre ich mehr den Grund, auf dem sich meine Füße noch mehr niederlassen können. Ich brauche nicht alles im Kopf und auf meinen Schultern zu tragen. Ich kann abgeben, weil Gott mein Grund ist, der mich trägt. Dadurch kann ich Menschen mit-tragen, die unterdrückt, ausgegrenzt und verzweifelt sind. Mein Mittragen wird glaubwürdiger und kraftvoller, wenn ich mich auch dem Unerlösten in mir zuwende. In Momenten, wo mir Sorgen auf dem Magen liegen, wo sich ein diffuses, undefinierbares Gefühl meldet, wo mich ein ungute Nachricht trifft, schmerzt, wende ich mich mir besonders liebevoll zu.

Ich lege meine beiden Händen übereinander so auf meinen Bauch, dass sich die beiden Daumenspitzen berühren können. Mein immer tieferes Ein- und Ausatmen hilft mir, mit Leib-Geist-Seele dazustehen.

Diese Haltung kann mich auch an das innere Kind in mir erinnern, dem ich mich zuwende, damit es Heilung erfährt: Verletzte Seiten, tiefe Verwundungen, Blockierungen aus vergangener Zeit, die erlöst werden möchten. So kann ich mitgestalten an einer menschlicheren Welt. Dies wird möglich, wenn ich mich immer wieder von belastenden Gefühlen löse, um die segnend-heilende Dimension mir schenken zu lassen.

II.

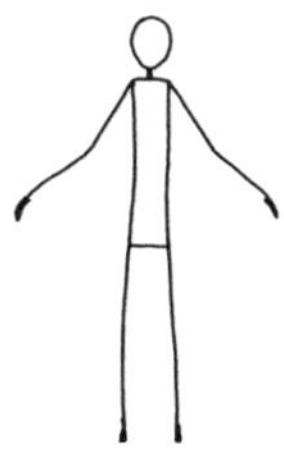

Ich öffne ganz langsam meine Hände und Arme nach vorne, damit immer mehr vor meinem Bauch ein Kreis entsteht, der mich erinnert, das ich Teil eines Ganzen bin. Diesen Kreis öffne ich dann, indem ich die Arme auf beide Seiten hin ausbreite. Damit drücke ich meine Hoffnung aus, unguten Gedanken und Gefühlen nicht ausgeliefert zu sein, sondern mich befreien lassen zu können, auch indem ich mich weite für Neues.

III.

Die ausgebreiteten Arme hebe ich so hoch wie möglich, um sie über meinem Kopf zusammenzuführen. Dabei schließe ich die beide Hände nicht, sondern bilde mit ihnen einen Kelch, wo die Daumenspitzen und die Spitzen des kleinsten Fingers sich berühren. Ich drücke dadurch meine Bitte um die segnend-heilende Kraft aus. Meine Hände in Kelchform und die Arme senke ich langsam vor meinem Kopf und meiner Brust hinunter, um sie zu meiner Leibmitte zu führen, damit ich die beiden Hände dann wieder mit aufgerichteten Daumen auf den Bauch legen kann. Ich lasse mir so die heilende Kraft zufließen, um mich dann erneut zu öffnen (siehe 1. Schritt).

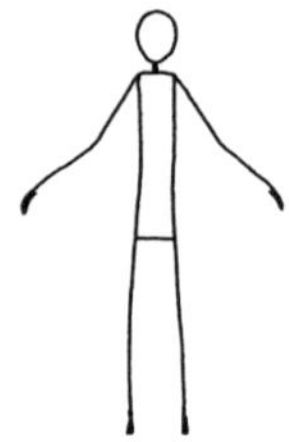

Nach innen horchen
die göttliche Stimme in mir wahr-nehmen
nach innen schauen
dem göttlichen Kern in mir Be-achtung schenken

Nach innen ausgerichtet sein
der göttlichen Spur in mir nachspüren
nach innen mich bewegen
um außen offen zu werden
für die Schreie nach Lebenssinn

*

Ausgerichtet sein zwischen Himmel und Erde
ausgerichtet sein auf die verbindende Mitte
ausgerichtet sein auf die göttliche Stimme in mir

Ausgerichtet sein auf das Wesentliche
den Geschenkcharakter unseres Lebens

Ausgerichtet sein in der zärtlichen Umarmung
auf die schöpferische Lebenskraft
die du uns schenkst
um in Freiheit lustvoll und verantwortungsvoll
unser Leben zu gestalten

Sei du uns ausrichtend nahe

*

Aus dem Pulsschlag des Herzens heraus
    mich zentrieren
    aus der Mitte des Herzens heraus
    solidarisch werden
    konfliktfähig Frieden stiften
    am Puls des Lebens bleiben

Hoffend
    klagend
    lachend
    weinend
    zweifelnd
    vertrauend
    deine verbindende Nähe erleben

*

Wendung
    Zu-wendung
    sich entfernen
    loslassen
    sich neu entdecken
    mit unerkannten Gaben
    mit unentdeckten Schätzen
    mit großer Sensibilität
    sich neu erfahren
    im göttlichen Hoffnungsfunken in dir

*

Krisen-Zeit

Stunden wo ich mir erlaube nicht mehr
funktionieren zu müssen

Abklären
abwägen
Abstand halten
Halt machen
aus Distanz Vertrautes sehen

Neue Möglichkeiten entdecken
wie alles auch anders sein kann
wie es mehr als all die Ungerechtigkeiten geben muss

Du zeigst uns durch die Krise
neue lebensfördernde Wege

*

Tanzende Mirjam

Mirjam zog tanzend hinaus aus Unterdrückung
allen gelernten Erfahrungen zum Trotz

Sozialisiert
sich nicht wehren zu können
in der Opferrolle zu bleiben
sich nur über andere zu definieren
mit falscher Demut sich zu ducken

Mirjam zog aus mit vielen Frauen
aus diesen selbst verachtenden Mechanismen
einem neuen Zusammensein entgegen

Frauen sind aufgebrochen
um ihren Lebensraum mitzubestimmen
ihre Art des Feierns und der Konfliktbereitschaft zu leben

Wir Männer können uns darum nicht mehr länger verstecken
und Gefühle allein den Frauen überlassen

Mose zog niemals alleine aus
er brauchte Aaron
und Mirjam zog tanzend voran

Nach Exodus 15,20

*

Geh und befrei mit der Kraft die du hast

Geh himmelwärts
vertrauend ein Stück Himmel in dir zu finden

Befrei dich von alten Lebensmustern und Zwängen
in dem du dich deinen grauen Eminenzen in dir
mit wohlwollender Bestimmtheit entgegensetzt
und dabei nicht vergisst
wie sich eingespielte Mechanismen
nicht in einem Jahr
verwandeln lassen

Mit deiner göttlichen Kraft in dir
geh und befrei
lass andere teilhaben
an deiner Suchbewegung
eines menschlicheren Miteinanders

Nach Richter 6,14

*

Befreiende Distanz

Du Christus
Quelle aller Heilung
ermöglichst mir eine gute Distanz
zu den Ereignissen des Lebens
ohne dadurch mein Mitgefühl zu verlieren

Distanz
die notwendig ist im fairen Austragen von Konflikten
damit ich nicht alles auf mich nehme
und heilend wirksam sein kann

Distanz
die heilsam ist im Einbringen neuer Perspektiven
in ausweglosen Situationen der Ohnmacht

Heilung geschieht im Spannungsfeld von
Nähe und Distanz
Mitsein und Weggehen

Durch dich
komme ich ins gute Lot
kann bei mir sein
ohne um mich selber zu kreisen

Nach Markus 7,33

Unterwegs mit Maria von Magdala

Mit Maria von Magdala
sind wir weinend-ohnmächtig
vor unseren begrabenen Hoffnungen

Mit ihr stammeln wir
man hat mir meine Arbeit weggenommen
mein Lebenssinn ist mir abhanden gekommen
mein Vertrauen in die Menschen
ist in eine Sackgasse geraten
unsere Hoffnungsperspektiven sind
angesichts der Globalisierungsstrategien
schwindend klein geworden

Nichts scheint mehr sicher
wo finden wir Halt
der beflügelt zu Basisinitiativen
die global denken und gerecht lokal handeln

Mit Maria schauen wir mit offenen Augen
in das Dunkel unseres Grabes hinein
stoßen dabei an die Grenzen des Erträglichen
und hören unerwartet neu die uralte Verheißung

Dein Name steht für deine einmalige Würde
angenommen zu sein auch im Scheitern
so verwandelt sich Auswegslosigkeit in
solidarische Hoffnungsschritte

Nach Johannes 20,13

*

Vertrauensvolles Heilen

Silber und Gold habe ich nicht
einzig den Glauben an die heilende Kraft
die in jedem Menschen geweckt werden kann

Du
ermächtigst alle heilend-versöhnend da zu sein
zu viel liegt noch in uns brach
was entfaltet werden möchte

Ich will mich lösen von mir selber
damit deine heilende Kraft noch mehr
durch mich fließen kann

Schale werden
leer werden
damit deine Fülle mich bewohnen kann

Nach Apostelgeschichte 3,5

*

Bewegtes Leben

In dir
    leben
    bewegen
    atmen wir

Zu oft vergessen wir
    wie du schon da bist
    in unserer schöpferischen Kraft
    in unserem solidarischen Mitsein
    in unserem Lebensatem

Alles
    hat Ursprung und Ziel in dir

Kraftvolle Deutung
    unseres geheimnisvollen Lebens

Nach Apostelgeschichte 17,28

9

Das Kreuz umarmen

Dann begann er, sie darüber zu belehren,
der Menschensohn müsse viel erleiden und von den Ältesten,
den Hohenpriestern und Schriftgelehrten verworfen werden; er werde getötet, aber
nach drei Tagen werde er auferstehen. Und er redete ganz offen darüber.
Da nahm ihn Petrus beiseite und machte ihm Vorwürfe. Jesus wandte sich um,
sah seine Jünger an und wies Petrus mit den Worten zurecht: Weg mit dir, Satan,
geh mir aus den Augen! Denn du hast nicht das im Sinn, was Gott will,
sondern was die Menschen wollen.

Markus 8,31–33

»Das Leben zu wählen, heißt, das Kreuz zu umarmen«, schreibt Dorothee Sölle. Heilend sich selber, die anderen und Gott zu lieben bedeutet, das Leiden in unser Leben zu integrieren. Wir müssen alles daran setzen, um das Leiden zu verhindern; zugleich gilt es anzunehmen, dass es keine Liebe ohne Leiden gibt.

Darum ereignet sich in der harten Auseinandersetzung zwischen Jesus und Petrus ein heilendes Zueinander. Petrus will Jesus von seinem Weg abhalten, indem er ihn verständlicherweise vom Leiden fern halten will. Da wies Jesus Petrus hart zurecht. Er sprach das Dia-bolische, das Zer-rissene in ihm an: eine äußerst schmerzvolle Begebenheit, doch auch wir kommen um sie nicht herum, wenn wir auch durch unser Leben heilend wirken möchten. Dazu brauchen wir das Leiden nicht zu suchen und schon gar nicht zu verherrlichen.

Es gibt für mich nichts Schlimmeres als diese gut gemeinten, frommen Antworten auf das Leiden, die so zynisch wirken können. Ich bin dagegen eingeladen, das Leiden auszuhalten, sym-pathisch zu werden wie Jesus, mitzuleiden. Da eröffnet sich mitten im Alltag ein Stück Himmel. Im Einüben von wohlwollender Konfliktfähigkeit geschieht ein heilender Reifungs- und Wachstumsprozess.

Gottes Wille ist der lebendige Mensch. Lebendig sein, liebend sein heißt, das Leben in seiner ganzen Fülle annehmen zu können, in Trauer und Freude, Streit und Versöhnung, Zweifel und Vertrauen:

Das Kreuz ist nicht außerhalb von mir, sondern es ist angelegt in meinem Leibsein. Kreuz und Auferstehung haben sich nicht nur vor 2000 Jahren ereignet, sondern sie sind gegenwärtig in der Geschichte von uns Menschen. Durch Jesus können wir lernen, einander darin nicht allein zu lassen, sondern heilend mitzufühlen, auch im Annehmen des Sterbens.

Im Begleiten von Sterbenden und von Menschen, die eine unheilbare Krankheit haben, geschieht so viel heilende Zuwendung, wenn diese Situation nicht mit falschem Trost überspielt, sondern darüber gesprochen wird.

Im Dastehen mit ausgebreiteten Armen, in Kreuzform im Zimmer, im Garten, im Wald, verinnerliche ich, dass das Kreuz zum Leben gehört. Es zu umarmen, lässt mich den mitschreienden Gott erahnen, der uns einem neuen Morgen entgegenführt.

– Im Ansprechen von Konflikten und im Einüben einer Spiritualität der Konfliktfähigkeit erinnern wir einander, dass diese Haltungen zutiefst gut tun, also heilend wirken. Unterdrücken von Konflikten und Totschweigen von unguten Gefühlen erzeugen eine krankmachende Atmosphäre, die lähmt. Heilende Spiritualität wird erfahrbar in der Ermutigung, einen lebens- und gemeinschaftsfördernden Umgang mit Trauer und Wut zu finden.

Bevor ich dich suche
suchst du mich auf
Heim-suchung bewohnt mich

Du lebst in meiner Sehnsucht
im Bewusstwerden dieser Wirklichkeit
zeigt sich deine Menschwerdung neu in mir

*

Hingabe
wahrnehmen
was ich hingeben möchte
spüren
wie es schwer fällt loszulassen

Geduld haben mit mir selber
wohlwollend sein
Entscheidung wagen
Hingabe leben in meinem ureigenen Rhythmus

In diesem Lebensprozess dir ähnlich werden
fasziniert vom Leben
im Verlieren neu gewinnen
im Loslassen neues Leben erhalten

*

Gewicht verlegen
was ist mir ge-wichtig
das Leben ehren
bedeutet es gewichtig nehmen

Welcher Stimme gebe ich Gewicht
welcher Stimme verleihe ich Gehör

Auf meine innere Lebensstimme hören
die mich zu den Menschen führt
zu den Stimmlosen
Sprachlosen
Menschen auf der Flucht

Meine Solidarität wird aus meiner Mitte wachsen
meine Sehnsucht nach Gerechtigkeit bewegt mich
sei du zärtlich-hartnäckig nahe im horchenden Dasein

Die Fragen lieben
Schritt für Schritt
mich in die noch unbekannten Antworten hineinbegeben
Fragen in mir wecken lassen

*

Fragen nach Authenzität
Gerechtigkeit
Solidarität
meiner Zukunftsperspektiven
selber zur Antwort werden
beharrlich-geduldig
weil du mich durch die Fragen
zu meiner ureigenen Antwort führst
dies genügt

*

Neu geboren werden
aktiv warten
sich sehnen nach Verwandlung
die nicht machbar ist

Mich hineinbegeben in den Lebensprozess
Wehen aushalten
Schmerz spüren
ausdrücken

Im Umbruch des Lebens erahnen
wie du neu in mir geboren wirst
Menschwerdung geschieht immer neu

*

Unermüdliche Versöhnung

Christus
  groß ist meine Sehnsucht
  verzeihen zu können
  ganzheitlich nicht nur mit dem Kopf
  sondern mit Herz und Seele

Doch da
  wo ich zutiefst verletzt worden bin
  wo ich mich zutiefst verunsichern ließ
  weil ich mich zu wenig schützen konnte
  da bleibt echte Versöhnung weit weg von mir

Siebenundsiebzigmal
  erzählt von dieser beharrlichen Geduld
  vom Nichtmachenkönnen
  weil Versöhnung ein Geschenk ist

Rühre mich an und verwandle
  behutsam-bestimmt
  meine Hartherzigkeit in Bereitschaft zur Begegnung

Nach Matthäus 18,22

*

Selbst wachsende Saat

Vermessen die Einstellung
alles hänge von mir selber ab

Erwachen mit den Sorgen des Tages
wo erste Verkrampfung geschieht
obwohl das Kostbare im Leben nicht machbar ist
weil die Saat ihre Frucht selber hervorbringt
durch dich Schwester Geist
schöpferische Erneuerungskraft dieser Welt

Wohl braucht es
unsere Kreativität
unser Zutun
unsere Ausdauer
aber das richtige Lot
geschieht im Wachsenlassen

Nach Markus 4,28

*

Erbarmen erfahren

Am Ende dieses Tages mir nichts vormachen
gerade stehen für mein Leben
auch für all das
was heute nicht gelungen ist
wo Versöhnung sich in Grenzen hielt
wo Ungeduld und Unzufriedenheit
mein Handeln bestimmt haben

Am Ende dieses Tages mich auf den Boden legen
diesen Tag in Gottes Geborgenheit zurücklegen
dabei den Geschenkcharakter meines Lebens spüren
erahnen was Gnade bedeutet

Du Gott
lass sie mich tief erfahren
einem neuen Morgen entgegen

Nach Lukas 18,9–14

*

Anerkannt im Scheitern

Scheitern dürfen
bestehen können im Annehmen
meiner Grenzen
meinem Ungenügen

Aufatmendes Sein
das falsche Schuldgefühle auflöst
und echtes Schuldigsein
als Teil meines Lebens integriert

Du Christus
suchst in uns
was an Vertrauen abhanden gekommen ist

Du richtest nicht
und gehst nicht hart ins Gericht mit mir
wie ich es mir manchmal selber antue

Obwohl du meine Falschheit entlarvst
entziehst du mir nie dein Wohlwollen

Nach Johannes 3,17

*

Willst du gesund werden

Willst du deine Opferrolle ablegen
im beharrlichen Versuch
deine Geschichte anzunehmen

Willst du nicht mehr länger
nur andere für deine Geschichte verantwortlich machen
und selber dein Leben in die Hand nehmen

Willst du Scheitern in dein Leben integrieren
weil du einmalig bist
mit deinen Grenzen und Möglichkeiten

Willst du dich bemühen
dich nicht zu bemühen
weil das Wesentliche ein Geschenk ist

Es liegt an dir
vertrauensvoll dir die heilende Kraft
des Lebens neu schenken zu lassen

Nach Johannes 5,6

*

Ernst-fall

Verleugnung ist manchmal
notwendig zur Individuation
Ablösung ist heilsam
um Selbstständigkeit
zu erwerben

Einmaligkeit ereignet sich
wenn ich wage
mich entgegenzustellen
meine Meinung einzubringen

Petrus steht für diese schmerzvolle Erfahrung

Kinder müssen sich lösen
um ihren ureigenen Weg zu entdecken

Begleitete werden sie selber
wenn sie die Grenzen des Begleiters wahr-nehmen

Diesem not-wendigen Prozess der Selbstwerdung
stellte sich auch Jesus
dreimal verleugnete ihn Petrus
dreimal fragte Jesus Petrus
ob er ihn liebe
dreimal brachte er ihm neues Vertrauen entgegen

Menschlicher kann sich
seine Göttlichkeit nicht ausdrücken

Nach Johannes 21,15–23

10

Mit Widersprüchlichkeiten leben können

Als sie zu den anderen
Jüngern zurückkamen, sahen sie eine große
Menschenmenge um sie versammelt und Schriftgelehrte,
die mit ihnen stritten. Sobald die Leute Jesus sahen, liefen sie in großer
Erregung auf ihn zu und begrüßten ihn. Er fragte sie: Warum streitet ihr mit
ihnen? Einer aus der Menge antwortete ihm: Meister, ich habe meinen Sohn zu dir
gebracht. Er ist von einem stummen Geist besessen; immer wenn der Geist ihn überfällt,
wirft er ihn zu Boden, und meinem Sohn tritt Schaum vor den Mund, er knirscht mit den
Zähnen und wird starr. Ich habe schon deine Jünger gebeten, den Geist auszutreiben,
aber sie hatten nicht die Kraft dazu. Da sagte er zu ihnen: O du ungläubige Generation!
Wie lange muss ich noch bei euch sein? Wie lange muss ich euch noch ertragen? Bringt ihn zu mir!
Und man führte ihn herbei. Sobald der Geist Jesus sah, zerrte er den Jungen hin und her,
sodass er hinfiel und sich mit Schaum vor dem Mund auf dem Boden wälzte. Jesus fragte den Vater:
Wie lange hat er das schon? Der Vater antwortete: Von Kind auf; oft hat er ihn sogar ins Feuer
oder ins Wasser geworfen, um ihn umzubringen. Doch wenn du kannst, hilf uns;
hab Mitleid mit uns! Jesus sagte zu ihm: Wenn du kannst? Alles kann, wer glaubt.
Da rief der Vater des Jungen: Ich glaube, hilf meinem Unglauben!
Als Jesus sah, dass die Leute zusammenliefen, drohte er dem unreinen Geist und sagte:
Ich befehle dir, du stummer und tauber Geist: Verlass ihn,
und kehr nie mehr in ihn zurück! Da zerrte der Geist den Jungen hin und her
und verließ ihn mit lautem Geschrei. Der Junge lag wie tot,
sodass alle Leute sagten: Er ist gestorben. Jesus aber fasste ihn
an der Hand und richtete ihn auf, und der Junge erhob sich.

Markus 9,14–27

»Ich glaube, hilf meinem Unglauben«, ist für mich ein höchst befreiender Satz. Beides gehört zu meinem Leben: einerseits meine tiefe Sehnsucht, mehr vertrauen und glauben zu können; andererseits meine Begrenzung, durch Zweifel und Ängste bestimmt zu sein. Innere Heilung erfahre ich, wenn ich all-täglich versuche, mich von der Idealvorstellung zu verabschieden, eines Tages diese Widersprüchlichkeit nicht mehr zu erfahren. Solange ich auf dieser Erde lebe, werde ich beides spüren.

Die Heilungsgeschichte eines besessenen Jungen bestärkt mich, dass Gottes heilende Gegenwart gerade in dieser Widersprüchlichkeit erfahrbar wird. Da werde ich er-löst von der Allmachtsphantasie, alles im Griff zu haben; da sind Worte wie »krank« und »gesund« relativ; da werde ich aufgerufen, mit anderen zusammen in diesem Spannungsfeld unterwegs zu sein.

Die uralte griechische Weisheit vom Arzt, der heilt, weil er selber verwundet ist, wird dadurch erfahrbar. Im Annehmen meiner Verletzlichkeit und Verwundbarkeit, im Einüben, dass Narben bleiben, wo ich besonders verletzlich bin, bin ich allen Menschen nahe, besonders den Leidenden. In dieser Nähe, dieser Empathie, geschieht eine neue Lebensqualität, die jeden Menschen in all seinen Widersprüchlichkeiten eine einmalige Würde erfahren lässt. Die folgenden drei Gebärden sind inspiriert von diesem Ruf: »Ich glaube, hilf meinem Unglauben«:

I.

Ich stehe breitbeinig da. Ich übe ein, zu mir zu stehen, zu meinen Gaben und Grenzen, weil Christus vor aller Leistung zu mir steht. Mein Atem lässt mich das Verbindende spüren; ich erinnere mich dabei an die Worte der Hildegard von Bingen »Gott atmet, in allem was lebt.«

Ich halte meine Hände in meiner Leibesmitte wie eine offene Schale, indem die beiden Daumenspitzen sich berühren. In meiner Tiefe, im heiligen Raum in mir darf ich sein, da bin ich unverletzbar. Dieses Urvertrauen ermöglicht mir, auch die Polaritäten, die Widersprüchlichkeiten, das Bedrückende in mir anzunehmen. Denn nur so kann es im Loslassen verwandelt werden.

II.

Ich hebe meine Hände und Arme ein wenig hoch vor meine Brust und verändere dabei die Stellung der Hände in die klassische Gebetshaltung, d.h. die »ausgestreckten« Hände stelle ich nebeneinander. Da das Gebet nicht nur ein schönes Gefühl ist, sondern die Ermutigung, wirklich Mensch zu werden, drücke ich die beiden Hände ganz fest zusammen (die Arme mit angespannten Ellenbogen). Damit stehe ich zu mir, zu meinen Widersprüchlichkeiten, zu meinem Alltagsdruck.

III.

Heilend-befreiend wird das Lösen dieses Druckes sein, wenn ich meine zusammengedrückten Hände mit den angespannten Ellenbogen langsam hochhalte, über meinen Kopf hinaus, um sie himmelwärts auszurichten und dann langsam zu öffnen: Ich öffne beide Arme auf die Seite hin, um dann wieder in der Ausgangsposition, im ruhenden Pol in mir, anzugelangen.

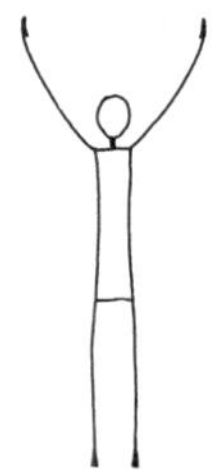

Im Wiederholen dieser Gebärde gestehe ich mir und allen Menschen ein, dass wir uns jeden Tag neu von Zwängen lösen können, wenn wir die himmlische Dimension in unser Leben hineinholen lassen.

Das Adagio von Tomaso Albinoni, Nr. 1, auf der schon angegebenen Sammel-CD (s. Seite 53), unterstützt das Entfalten der Gebärden, sodass sie zu einer inneren Verwandlung führen können.

Lebendigkeit
    Kreativität
    schöpferische Lebenskraft
    all das darf zu mir gehören
    auch meine Zerbrechlichkeit
    mein Wanken
    meine Verletzlichkeit

Ganz sein
    voll Freude und Trauer
    Zweifel und Hoffnung
    Wut und Dankbarkeit

In alledem zeigst du dich

*

Hören wie du zuinnerst
    in mir lebst
    mich bedingungslos annimmst

Schmerz
    der mich durchdringt
    Tränen
    die fließen
    Schmerz
    der durchbohrt

Auch wenn ich es nicht annehmen kann
    so tut es mir gut zu hoffen
    angenommen zu sein

Zu schmerzvoll
    ist diese Zusage
    zu lange habe ich das Gegenteil erfahren

Trotzdem
    sag es noch einmal

*

Insel werden
    geerdet im Lebensstrom
    die Widersprüchlichkeit
    unserer Existenz in das Rauschen des Meeres
    mit hineinfließen lassen

Wie kann Sinn-findung geschehen
    wie kann die Leichtigkeit des Seins
    mit dem Hunger und Durst nach Gerechtigkeit
    verbunden werden

Ohne Verbitterung mich gelassen-hartnäckig engagieren
    im Erahnen deiner Sympathie
    den Unterbruch der Ohnmacht fördern

*

Unerwartet mitten im Feiern
mit meinem Urschmerz konfrontiert sein

Urschmerz zutiefst nicht anerkannt zu sein
im Innersten die Gewissheit zu haben
als unbequemer Kämpfer für Gerechtigkeit
nicht unterstützt zu werden

Zerbrochenes Ur-vertrauen
das mich fast zerreißt

*

Und es war gut so

All-täglich ein Ritual feiern
wo ich zutiefst im Ein- und Ausatmen
mich erinnern kann
und es war gut so

Im Durch-stehen einer schwierigen Situation
im Nachhinein sagen können
und es war gut so

In belastenden Tagen
nebst allen ungelösten Fragen
sich vermehrt freuen
über alles was gelingt
und wir oft zu selbstverständlich hinnehmen
dabei kraftvoll in sich nachklingen lassen
und es wird gut

Nach Genesis 1,31

*

Visionen wecken

Gott
du hörst nie auf in uns zu träumen
damit Gegensätze sich vereinen können
und das Kälblein beim Löwen liegen kann
Panther und Schaf
sind auch in mir

Feindbilder will ich all-täglich überwinden
indem ich meinen Anteilen in mir
nachspüre
die zur Eskalation der Gewalt führen

Du Gott
legst uns uralte Visionen
neu in unsere Herzen
damit sich erneuert
dass bei dir nichts unmöglich ist

Nach Jesaja 11,6

Zerbrochenen Herzen nahe sein

Zerbrochen
das Vertrauen in unsere Beziehung
Unfähigkeit
verzeihen zu können
weil die Verletzungen so tief
an die Urwunden herangingen
und mir die Kraft abhanden kam
mich zu schützen

Zerbrochen
die Hoffnung in den Versöhnungsprozess
in Ländern wie Rwanda
weil die Spirale der Gewalt
unaufhaltsam scheint

Zerbrochen
der Glaube an das Gute im Menschen
angesichts der Menschenrechtsverletzungen
Du
bist den zerbrochenen Herzen
heilend nahe
im Aushalten der unbequemen Fragen
die zum behutsamen Hineinwachsen
in glaubwürdige Antworten führt

Antworten
die vom Hinuntersteigen und Auferstehen sprechen
hineintauchen in den Hoffnungsstrom
der Menschen zum Widerstand bewegt

Nach Jesaja 61,1

*

Klagen

Du
hast mich bewegt
mich ein- und auszusetzen
für Frieden in Gerechtigkeit
und Bewahrung der Schöpfung

Jetzt entziehst du mir deine Gegenwart
ich spüre nicht mehr wie du mich trägst
die Angst holt mich ein
sogar dich als Halt zu verlieren

Dunkle Stunden der Nacht
keine Lichtblicke mehr
keine Hoffnungsfunken in Sichtweite

Deine Botschaft hat mich gepackt
doch jetzt bin ich allein damit
einzig die Sehnsucht bleibt
mein einziges Licht
im Aushalten dieser Sinnsuche

Nach Jeremia 20,7–18

*

Sich dem Leben stellen

Nimm dein Leben in die Hand
Packe die Gelegenheit
lass dich ermutigen
durch Menschen
die selber einen Weg
in den eigenen Abgrund gewagt haben

Nimm deine Geschichte an
was vergangen ist
versuche zu lassen
damit du
augen-blicklich
dein Leben neu gestalten kannst

Zumutung und Verheißung zugleich

Pack auch das Unangenehme
Undefinierbare
Unbegreifliche
im Leben an
damit du daran wachsen und reifen kannst
weil Gott sich auch in den Widersprüchlichkeiten
deines Lebens neu ereignet
auch als Engel Rafael

Nach Tobit 6,3

*

Engel und wilde Tiere in mir

Der Weg durch die Wüste der Durststrecken
und der Verunsicherung verweist mich auf
uralte Lebenserfahrungen die mich
wachsen und reifen lassen

Engel und wilde Tiere begegnen auch mir
sie lassen sich auch in mir finden
Beides miteinander ins Gespräch bringen
sind wichtige Hoffnungsschritte in einer
neuen Art zu leben
wo die Gegensätze als Chance gesehen werden
um echte Toleranz einzuüben

Nach Markus 1,12–13

*

Kraftvoller Widerstand

Destruktive Stimmen nehmen in
mir einen großen Platz ein
alte Muster wollen mich hindern
zu meiner Lebendigkeit zu gelangen

Wenn mein ganzer Ärger
sich ihnen zuwendet
und ich mich abwerte und verurteile
über all diese Rückfälle
dann bin ich erst recht ganz
in ihrem Bann

Du Christus
sprichst mir Verwandlung zu
ich kann auch das Destruktive gestalten
wenn ich es vorerst annehme
um dann mit Bestimmtheit auch
einschränke und gestalte

Nach Lukas 4,41

*

Tränen fließen lassen

Blindwütiger Terror hat wieder hunderte von Menschen
umgebracht
Kosovo
Algerien
Rwanda
Burundi
Tschetschenien

Endlos sind die Namen
himmelschreiende Wut und Trauer lebt in uns

Menschen
die wir lieben
sind nicht mehr da

Trauerprozesse brauchen wir
wo all unsere Gefühle ausgedrückt werden können
damit dein Trost uns wirklich berühren kann

Behutsam-hoffend
hören wir neu die Worte
von deinem Abwischen der Tränen
lass sie Wirklichkeit werden
auch durch uns

Nach Apokalypse 21,4

*

11

Segnendes Mitsein

Da brachte man Kinder zu ihm,
damit er ihnen die Hände auflegte. Die Jünger aber wiesen die
Leute schroff ab. Als Jesus das sah, wurde er unwillig und sagte zu ihnen:
Lasst die Kinder zu mir kommen, hindert sie nicht daran!
Denn Menschen wie ihnen gehört das Reich Gottes. Amen, das sage ich euch:
Wer das Reich Gottes nicht so annimmt wie ein Kind, der wird nicht hineinkommen.
Und er nahm die Kinder in seine Arme; dann legte er ihnen die Hände auf
und segnete sie.

Markus 10,13–16

Mein ganzes Leben als inneren Heilungsweg sehen heißt, immer wieder Kind sein dürfen. In welcher Lebenssituation ich auch sein mag, auch im hohen Alter, darf ich jeden Tag neu anfangen. Segnen bedeutet gutheißen. Jede Sekunde meines Lebens heißt Gott mein Leben, mein Wachstum gut. Von solch heilendem Aufatmen erzählt die Begegnung Jesu mit den Kindern.

Zuerst werden die Kinder abgewiesen, was Jesus unwillig werden lässt. Denn wir dürfen ein Leben lang Reifende sein. Diese innere Grundhaltung drückt der Liebhaber des Lebens aus Nazareth aus, wenn er die Kinder in die Mitte stellt. Ein inneres Bild, um das Kleine in und um uns ernst zu nehmen; mehr sogar: ihm heilende Zuwendung schenken lassen. Jesus nimmt die Kinder also in die Arme und segnet sie.

Es gilt, die segnende Kraft in unserem Alltag neu zu entdecken, damit wir unser Leben heiligen können. Alles, was ich berühre, kann ich segnend berühren. Dabei drücke ich die Dankbarkeit über den Geschenkcharakter des Lebens aus.

Am Züricher Hauptbahnhof steht seit Jahren jeden Tag eine ältere Frau vor ihrem Rollstuhl, sie blickt den unzähligen Reisenden nach. Geheimnisvoll! In einem wunderbaren Interview hat sie ihr Dasein erklärt: »Ich segne alle Menschen, die da ein- und ausgehen!« So ist sie zum Engel geworden, der jeden Menschen erinnert, dass er zum Segen werden kann.

Die segnende Quelle ist gegenwärtig in uns, damit ich dadurch den Sinn meines Lebens erahne, der sogar in meiner Gebrechlichkeit bleibt: mich segnen lassen, um segnend mitzusein mit allem, was lebt:

Vor dem Essen, beim Abschied, beim Einzug in eine neue Wohnung, beim Geburtstagfeiern, bei Geburt und Tod entfalten wir eine neue Segenskultur:

- Vor dem Essen reichen wir einander die Hände, werden still oder singen ein Lied, um das Mahl voll Dankbarkeit zu segnen.

- Beim Abschied zeichnen wir einander ein Kreuzzeichen in die Hände, auf die Stirn und/oder auf die Brust als Zeichen der Verbundenheit.

- Beim Einzug in die Wohnung oder am Ende eines Jahres ziehen wir mit Kerzen und Weihrauch singend durch alle Zimmer, um die segnende Kraft zu erfahren, die uns vor all unserem Arbeiten geschenkt sein will.

- Beim Geburtsfest stellt sich die/der zu Feiernde in die Mitte und alle Anwesenden legen ihr/ihm segnend die Hände auf, um Gott zu danken für dieses Leben.

- In der Begegnung mit einem Neugeborenen berühren wir es segnend. Im Begleiten einer Sterbenden segnen wir beim Abschied diesen Menschen, und wir lassen uns von ihm segnen. So können wir miteinander das Loslassen einüben, vertrauend, dass jemand im Tod in Gott hineingeboren wird.

Mitten im Alltag, in meinem Dastehen, Dasitzen oder Daliegen, nehme ich mit geschlossenen Augen Verbindung mit den Menschen auf, mit denen ich heute Kontakt hatte: Ich segne sie. Das Segnen übe ich auch für Menschen ein, mit denen ich mich schwer tue. Dies können Menschen sein aus meiner Umgebung, die ich kenne, und auch Menschen, die ich nur durch Schreckensmeldungen aus der Zeitung wahrnehme. Im Segnen von TäterInnen rechtfertige ich niemals ihr Tun. Es kann aber eine Geste des gewaltfreien Widerstandes sein, Kriegsverbrecher zu segnen, damit die Spirale der Gewalt durchbrochen wird. Im Durchbrechen der Feindbilder wird dies möglich, denn Gott liebt nicht die Sünde, sondern den Sünder. Unrecht muss ausgesprochen und verhindert werden, doch im Segnen der Feinde traue ich auch ihnen Verwandlung zu.

Von der segnenden Kraft, die schon Kinder einander schenken können, erzählt eine wunderbare Erfahrung von Christine Bertl-Anker:
Immer, wenn wir abends gemeinsam beten, fragt mich meine dreijährige Tochter: »Was ist Segen?« Dann lege ich ihr die Hand auf den Kopf und antworte: »Gott sagt, ich bin ja bei dir!«

Eines Nachts kommt Simon, der Neunjährige, laut weinend ins Schlafzimmer. Er hatte einen schlechten Traum ... und will zu mir ins Bett. Da liegt aber bereits Elisabeth und macht keine Anstalten, auch nur einen Zentimeter auf die Seite zu rücken. Also schmiegt sich Simon an Elisabeth. Da legt sie ihm die Hand auf den Kopf und tröstet ihn – »Ich bin ja bei dir!« Bald schlafen beide wieder.

Einige Tage später kommt ihr diese Nacht wieder in den Sinn, als wir gerade beten. Sie erinnert sich: »Ich hab den Simon gesegnet wie der liebe Gott ...«

Leichtigkeit erleben
    sich nicht so ernst nehmen
    seine humorvollen Seiten fördern
    werden wie ein Kind
    das nichts zu verlieren hat

Strahlen können
    Augen-blicke
    die erfüllen
    zeitlose Momente
    Begegnungen die erahnen lassen
    wie unendlich kostbar der Geschenkcharakter
    unseres Lebens ist
    das du all-täglich erneuerst

*

Meine Mitte

Von dir geht alles aus
    und fließt zurück zu dir

Du
    Quelle
    Ursprung
    innere Lebenskraft
    versöhnende Geistkraft
    Hoffnung stiftende Gemeinschaft
    Vertrauen weckende Kreativität

*

Nach innen mich wagen
    auch in dunkle Ecken meiner Existenz

Sie möchten erhellt werden
    integriert und verwandelt werden

Licht und Schatten
    Ausdruck größter Vielfalt
    unausgeglichen sein dürfen
    weil du zur Vielfalt bewegst

All das bin ich
    Sein und Werden

*

Dankbarkeit spüren
    Begegnungen auskosten
    jeden Menschen in seiner Einzigartigkeit sehen

Mehr noch
    jedeN in den Augen Gottes sehen
    als Menschen
    dem die Verheißung gilt
    verwandelt zu werden

Du verwandelnde Kraft
    sei uns verbindend nahe

*

Leere erfahren
zeitlos werden
genießen können
wie ein Kind
im Aufgehobensein
seinen Lebenssinn entdecken

Nicht nur ich sagen können
sondern durch dich
selbstvoll
selbstlos werden

*

Christus anziehen
jede Zelle meines Körpers neu beleben
im Ausdrücken meiner Wünsche
im konfliktfähigen Unterwegssein

*

Am Boden gekrümmt
Schmerz
der mich durchdringt
sich in allen Fasern ausbreitet
Schrei nach Leben
der sich nicht ausdrücken kann
weil es nicht sein darf
als Schreiender da zu sein

Löse du meine Zunge
berühre mein Herz
damit du vertrauensstiftende Kraft
das Dunkel meiner Seele
behutsam erhellen
bewohnen kannst

*

Schreibend meine Existenz bewältigen
aus innerer Notwendigkeit
um all die Eindrücke ausdrücken zu können
um Sinn zu erahnen in der ganzen Grausamkeit
die das Leben Menschen zumuten kann

Meine Worte sind tastende Sehnsucht
nach gerechterer Wirtschaftsordnung
ökologischer Achtsamkeit
solidarischem Miteinander
wo niemand mehr alleine gelassen wird
niemand mehr fallen gelassen wird
weil du tragender Grund bist

*

Die Weite des Meeres neu erblicken
nach durchwachter Nacht
wo der Schmerz nicht angenommen zu sein
zu Gast war

Aufatmen
die Weite des Meeres auch in mir spüren
liebendes Aufmerken
durch dich

*

Ringen mit Gott

Deine dunkle Seite Gott
will ich nicht mehr länger ausklammern

Angesichts des Leidens
der schrecklichen Taten
bleibt mir geheimnisvoll-bedrohlich
die Frage nach dem Warum des Leidens

Ringen will ich mit dir
meine Klage ausdrücken
an die Grenzen meiner Kräfte kommen
Schreien nach Sinn

Lieber gehe ich hinkend weiter durchs Leben
als mich dieser not-wendigen Auseinandersetzung zu entziehen

Dass ich in diesen Stunden der Nacht neu gesegnet werde
bleibt meine tiefste Hoffnung

Nach Genesis 32,23–33

*

Was soll ich dir tun

Nicht mehr länger warten
bis andere mir Anerkennung zusprechen
jeden Tag neu einüben
wahr-zunehmen
was ich brauche

Meine Augen schließen
mich nach innen ausrichten
tief in mir spüren
was für meine Entfaltung
notwendig ist

Lernen zu sagen
was mir gut tut
was ich an mir schätze
um mein Selbstvertrauen zu stärken

Im Stärken meines Rückgrates
mitgestalten an der Konkretisierung der Menschenrechte

Nach Markus 10,51

*

Auferstehung hier und jetzt

Dem Morgen der Auferstehung entgegengehen
im Begleiten von Menschen mit wenig Selbstvertrauen
im Entdecken des einmaligen Wertes in allem Scheitern
im Wachhalten der Vision einer Globalisierung der Solidarität
im Schweigen und Staunen
im Ausdrücken der Lebensfreude in Tanz und Fest

Dem Morgen der Auferstehung entgegengehen
im zärtlichen Zusammensein beim erotischen Liebesspiel
im Einüben von Zivilcourage
in engagierter Gelassenheit
in beharrlicher Geduld
in ökologischer Achtsamkeit

Am Auferstehungsmorgen der Intuition der Frauen trauen
und die Suchbewegung Jesu in unserem Alltag erneuern

Nach Lukas 24,1–12

12
Wohltuendes Salben

Als Jesus in Betanien im Haus
des Simon des Aussätzigen bei Tisch war,
kam eine Frau mit einem Alabastergefäß voll echtem,
kostbaren Nardenöl, zerbrach es und goss das Öl über sein Haar.
Einige aber wurden unwillig und sagten zueinander:
Wozu diese Verschwendung? Man hätte das Öl um mehr als dreihundert Denare
verkaufen und das Geld den Armen geben können. Und sie machten der Frau Vorwürfe.
Jesus aber sagte: Hört auf! Warum lasst ihr sie nicht in Ruhe?
Sie hat ein gutes Werk an mir getan. Denn die Armen habt ihr immer bei euch,
und ihr könnt ihnen Gutes tun, so oft ihr wollt, mich aber habt ihr nicht immer.
Sie hat getan, was sie konnte. Sie hat im Voraus meinen Leib
für das Begräbnis gesalbt. Amen, ich sage euch: Überall auf der Welt,
wo das Evangelium verkündet wird,
wird man sich an sie erinnern und erzählen, was sie getan hat.

Markus 14,3–9

Heilung geschieht mit allen Sinnen. Kostbares Nardenöl lässt sich Jesus von einer Frau über sein Haar gießen; er gönnt sich Gutes. Heilende Menschen lernen, gut mit sich selber umzugehen. Heilung geschieht im Genießen-Können, im Annehmen von wohltuenden Gesten, zum Beispiel auch im Entdecken von Heilkräutern und -salben.

Die ganze Schöpfung ist voll heilender Kraft. Glücklicherweise gibt es heute immer mehr Menschen, die durch alternative Heilungswege diese Kräfte wieder freilegen. Solche Erinnerung ist lebensnot-wendig. Bei der Mystikerin Hildegard von Bingen (1098–1179) können wir in diese Lebens- und Glaubensschule gehen. Sie gilt als erste deutsche Naturforscherin und als erste schreibende Ärztin der Geschichte. Vor allem ihre Klosterapotheke galt als Geheimtipp. Ihr Plädoyer für eine ganzheitliche Medizin und ihre Kenntnisse der Naturheilkunde weisen uns den Weg für ein heilendes Miteinander in ökologischer Achtsamkeit.

Wie die Begegnung Jesu mit der mutigen Frau zeigt, benötigen wir dazu immer eine Widerstandskultur, um das Lebenswerte zu schützen.

Auch in unseren Feiern des Glaubens gilt es, diese ganzheitliche Kraft zu fördern, um Gott mit allen *Sinnen* zu erleben. Nur so ereignet sich der *Sinn* des Lebens jeden Tag neu. Kerzen, wohltuende Düfte, die Kraft des Salbens, der Tanz gehören in die Erneuerung unserer Liturgien und unserer Sakramente, damit die heilende Zuwendung vermehrt gefeiert werden kann. Bestimmt-behutsam sind da Ängste zu überwinden, damit beispielsweise auch das Handauflegen als urchristliche Geste neu gefeiert wird:

Beim Geburtstag und/oder Abschiedsfest salben wir den Menschen, der gefeiert wird. Wir kaufen ein kostbares Öl; alle können mit oder ohne Worte durch Salben in der Hand und auf der Stirne ihre Wertschätzung ausdrücken. Das gekaufte Öl erhält jene/r, die/der wegzieht, als Geschenk auf ihren/seinen Weg: auch ein Auftrag, anderen Menschen wohltuend zu begegnen.

– Martin, der einige Jahre mit uns lebte, hat uns einen tiefsinnigen Brauch aus Kärnten erfahren lassen: Am 24. und am 31. Dezember und am 6. Januar, am Dreikönigstag, ziehen wir mit Weihrauch singend durch alle Zimmer. Jede/r hat eine Kerze in der Hand und abwechslungsweise die Schale mit Glut, in die ab und zu Weihrauchkörner gelegt werden. Bei diesem Gang werden die vielen Menschen wie-

der gegenwärtig, die in diesen Zimmern, in der Küche, in der Scheune gewohnt und gewirkt haben.
Dieser Brauch kann auch bei der Einweihung einer Wohnung, eines Zimmers gefeiert werden. Da sind alle eingeladen, mit den Händen die Wände und andere Gegenstände des Zimmers zu berühren, als Ausdruck eines guten Wunsches.

– Die »Stärkung des Rückgrats« kann beim Feiern in der Familie und auch im Gottesdienst gefördert werden. Wir legen einander die Hände auf das Rückgrat, um einander im gewaltfreien Widerstand für eine zärtlichere Welt, die Gerechtigkeit wach hält, zu bestärken.

– Die ganzheitliche Wahrnehmung aller Dinge führt immer auch zu politischem Bewusstsein und Handeln. Das bereits erwähnte Netzwerk HOLON, das ökologisch, sozial, spirituell, politisch sensibilisiert, ist eine Möglichkeit, um eine glaubwürdige Spiritualität zu entfalten. Interessierte aus dem deutschsprachigen Raum können das HOLON-Journal bestellen bei: *Wolfgang Jaeger, Büchnerstr. 28, CH–8006 Zürich.*

Du atmest in allem
    was lebt

Mich mit dir zu verbinden
    geschieht
    im bewussten Atmen
    im Dastehen
    im Zu-mir-Stehen
    im Aufstehen
    im Einstehen für das Leben aller

Du atmest in allem
    was lebt

Das Verbindende mit allen Geschöpfen
    will ich entdecken
    Pflanzen und Tieren achtsam begegnen
    weil dein göttlicher Atem auch in ihnen fließt

Sei Du verbindend in der ökologischen Achtsamkeit

*

Dankbar mich verneigen
voll Staunen
voll tiefer Liebe zur Schöpfung

Dankbar mich verneigen
weil du Anfang und Ende bist
Zuwendung im Ringen nach Sinn

Dankbar mich verneigen
voll Erinnerung an all das Gute
das du bewirkst

*

Regentropfen
feinfühlig
kraftvoll
farbig
großartig

Regentropfen
erfrischend
überraschend
erkältend
wohltuend

Regentropfen werden zum Regenbogen
Friedenszeichen
mitten im Sturm

*

Berührt sein
    angenommen
    spüren
    wie ich gerne gehabt werde

Einander in die Augen schauen
    dem nahen Blick nicht ausweichen
    genießen
    dass sie auf mich zukommt

Bewegt von ihren Gesten
    ihrer Innerlichkeit
    mich neu finden

Nähe zulassen
    mich erleben als erotischen Menschen

Sehnsucht
    gehalten zu sein
    ganz fest
    ganz frei

Nähe deiner Gegenwart in diesem Zusammenspiel ertasten

*

Staunen über jeden Grashalm
berührt von jeder Knospe
bewegt durch die Ausstrahlungskraft der Blumen

Fassungslos
ins Geheimnis unseres Lebens hineinwachsen

Du bist es
die atmet in allem was lebt
schöpferische Geistkraft

*

Im Zusammenspiel von Welle und Wind
unseren Lebensrhythmus wieder erleben
der bewegt wird von Erde
Feuer
Wasser
Luft

In uns selber das Lebensfeuer neu entzünden lassen
den Lebensatem nicht länger unterdrücken

Humilitas – geerdet sein
im Stand mit Rückgrat
himmelwärts gerichtet
mit Protest gegen Ausbeutung

Wiegel du uns auf
würdevoll Widerstand zu leisten

*

Freundschaft genießen
lachend nach Worten suchen
die sich durch Blicke erübrigen

Augenblicke der Nähe
Flugstunden entfernt voneinander

Sich krümmen vor Lachen
um aufrechter gehen zu können

*

Bäume im Wasser verwurzelt
himmelwärts zeigend
Sinnbild menschlicher Selbstwerdung

Verdorrte Äste
Ausdruck reifender Wachstumskraft

Schatten spendende Orte
wo ausruhen zur Kraftquelle wird
damit wir Beheimatung in uns selber finden können
um mitzugestalten an einer multikulturellen Welt
wo durch dich allen Brot und Musik geschenkt wird

*

Wie die Möwe sich gleiten lässt
im Genießen der Urkraft des Windes
so erfüllst du mich jeden Tag neu mit Lebenskraft
die mich nicht nur im Arbeiten Entfaltung finden lässt
sondern auch im Genießen des Meeres
der Sonne
die mich dich mit allen Sinnen erleben lässt

*

Mit jedem Atemzug die Wärme genießen
das erfrischende Wasser in sich aufsaugen
mit jedem Atemzug tiefste Dankbarkeit ausdrücken

Sich tief verneigen
vor diesem göttlichen Geheimnis
als Ausdruck der Würde aller Menschen
die dich in sich beherbergen
bergende Orte schaffen
Gastfreundlichkeit aufkommen lassen

Mit jedem Atemzug sich öffnen
für die sinnstiftende Wirklichkeit
die sich durch dich in uns ereignet

*

Horch mein Geliebter kommt

Horch
auf deine innere Stimme
deine Sehnsucht spricht zu dir
von deinem Bedürfnis
nach Zuwendung
nach Angenommensein
nach Zärtlichkeit

Horch
auf deine Mitte
wo im Allerinnersten Gott gegenwärtig ist
im heiligen Raum in dir
zu dem niemand Zutritt hat
und dich niemand verletzen kann

Horch
meine Geliebte nimmt mich in die Arme
verweist mich auf selber
um liebesfähiger zu werden

Horch
wie die erotische Kraft fließt
wenn ich zutiefst anerkannt bin
beim Namen genannt

Nach Hohelied 2,8

*

Salbung wagen

Gesalbt seist du mit kostbarem Öl
als Erinnerung
an deine einmalige Würde
an deine kostbaren Fähigkeiten
an dein priesterliches Mitsein

Gesalbt seist du im Leben und Sterben
wenn deine Schritte langsamer werden
dein Atem ins Stocken gerät
deine Schmerzen dich bedrängen
wenn Gebrechlichkeit und Verletzlichkeit
dein Leben einschränken

Gesalbt seist du
auf dein Haupt
weil dein Leben bis zur letzten Sekunde
und über den Tod hinaus kostbar bleibt

Wie jene Frau das Haupt Jesu salbte
so seien dir zärtliche Hände geschenkt
die dich pflegen und dabei dich
Gottes Zärtlichkeit hautnah spüren lassen

Nach Matthäus 26,6–13

*

Für den Weg

Zu einem bekümmerten
Menschen, der sich an ihn um Hilfe wandte,
sagte der Meister:
»Willst du wirklich Heilung?«
»Wenn nicht, würde ich mir dann die Mühe machen, zu euch zu kommen?«
»Oh ja, die meisten Menschen tun das.«
»Wozu?«
»Nicht wegen der Heilung, die tut weh, sondern um Erleichterung zu finden.«
Seinen Schülern sagte der Meister:
»Menschen, die Heilung wollen, vorausgesetzt, sie können sie ohne Schmerzen haben,
gleichen jenen, die für den Fortschritt eintreten, vorausgesetzt,
sie können ihn ohne Veränderung bekommen.«

*Anthony de Mello**

Diese Geschichte fasst gut das Anliegen dieses Buches zusammen. Heilende Momente im Alltag ereignen sich, wenn wir jeden Tag neu lernen, über das Geschenk des Lebens zu staunen; wenn wir dabei auch das Schwierige, Ungereimte, Widersprüchliche des Lebens annehmen, um es verwandeln zu lassen. Jede und jeder von uns kann ein heilender Mensch werden, indem wir diese Spannung aushalten.

Die Fülle von Meditationstexten, Gebeten, Impulsen mit Ritualen und Gebärden lebt aus dieser befreienden Lebenseinstellung. Sie sind auch in Verbindung zu sehen mit meinen Büchern »Ein Stück Himmel im Alltag. Sieben Schritte zu mehr Lebendigkeit« (Herderspektrum, Freiburg im Breisgau 2000) und »Alltagsrituale. 12 Wege zur inneren Quelle« (Kösel, München [5]1999). Heilung geschieht nur in der Bereitschaft, mich selber besser kennen zu lernen, um dadurch noch kraftvoller meine Lebensaufgabe zum Wohle der Gemeinschaft zu entfalten. In diesem Prozess der Selbsterkenntnis kann ich erahnen, wie Gott in mir alltäglich neu geboren wird.

* *In: Eine Minute Weisheit (Herder/Spektrum Bd. 4569. Verlag Herder, Freiburg 13. Gesamtauflage 1999)*

Wege zur inneren Quelle

Pierre Stutz
Alltagsrituale
Wege zur inneren Quelle
Mit einem Vorwort von
P. Anselm Grün
5. Auflage
3-466-36494-9

Die CD zum Buch:
60 Minuten Laufzeit
Mit Gitarrenimprovisationen
von John Ebbut, Mathias Burkart
und Stéphane Bolt
Best-Nr. 3-466-45730-0

NEU!

KÖSEL

Kösel online: www.koesel.de; e-mail: service@koesel.de

Die Kunst zu leben

Pierre Stutz
Ein Stück Himmel im Alltag
Sieben Schritte zu mehr Lebendigkeit
ISBN 3-451-05036-6

Mit konkreten spirituellen Übungen zeigt der bekannte Autor, wie wir die Quellen der eigenen Lebendigkeit wieder entdecken können. Zärtlichkeit, Kunst, Spiel und Humor genießen; entdecken, was mir heilig ist; aufatmen, weil ich nicht perfekt sein muss. Ein Buch, das der Seele Raum gibt.

Herder spektrum